우울증 벗어나기

Anselm Grün

WEGE DURCH DIE DEPRESSION
Spirituelle Impulse

© 2008 Verlag Herder GmbH, Freiburg im Breisgau

Translated by Lee Minsu
Korean translation copyright © 2011 by Benedict Press
Waegwan, Korea.
Korean translation rights arranged with Verlag Herder GmbH
through Eurobuk Agency, Korea.

우울증 벗어나기

2011년 4월 초판 | 2023년 3월 7쇄
옮긴이 · 이민수 | 펴낸이 · 박현동
펴낸곳 · 성 베네딕도회 왜관수도원 ⓒ 분도출판사
찍은곳 · 분도인쇄소
등록 · 1962년 5월 7일 라15호
04606 서울시 중구 장충단로 188(분도출판사 편집부)
39889 경북 칠곡군 왜관읍 관문로 61(분도인쇄소)
분도출판사 · 전화 02-2266-3605 · 팩스 02-2271-3605
분도인쇄소 · 전화 054-970-2400 · 팩스 054-971-0179

www.bundobook.co.kr

ISBN 978-89-419-1106-7 03230

안셀름 그륀

우울증
벗어나기

이민수 옮김

분도출판사

차례

들어가며

우울증이 갈수록 '국민병'이 되어 간다. 직장인이 결근하
는 둘째 원인이 바로 우울증이다. 독일 국민 가운데 사백
만 명 정도가 치료를 요하는 우울증에 시달리고 있고, 다
섯의 하나가 일생에 한 번은 우울증에 걸린다고 한다. 우
울증이 이 사회에서 증가하는 이유를 답하기란 쉽지 않
다. 분명 여러 이유가 있을 것이다. 직장과 가정에서 어려
움을 겪는 사람이 많다. 살다 보면 극복해야 할 문제도 한
두 가지가 아니다. 무엇이든 이루어질 것 같은 세상에 살
고 있지만 우리의 영혼은 우울하다. 뜻대로 되지 않는 일
도 있기 때문이다. 욕심도 우울증의 주된 원인이다. 욕심

은 소비만이 아니라 우리 자기상自己像과도 관계가 있다. 늘 멋지고 아름답고 똑똑할 수만은 없다. 우리는 평범한 사람일 뿐이다. 우울증이 증가하는 또 다른 원인은 인간적 고통이다. 고통과 슬픔을 삶의 일부로 받아들이지 못할 때 우리는 우울증에 걸린다. 심리학자이자 언론인인 우르줄라 누버Ursula Nuber가 말했다. "성공과 성취에만 열광하고 고통을 수용하지 않는 사회는 위험스럽게도 머지않아 우울증이 만연할 것이다. 누군가 고통을 겪을 때 우울증이나 '정신적 문제'로 치부해 버리는 사회가 되는 것이다"(Nuber 14). 오늘날 우리 사회를 기본적으로 우울하게 만드는 원인에는 여러 가지가 있다. 사람들은 고통을 피하려고 하지만 몸과 마음은 점차 소진되고 지독한 고립감에 시달린다. 또한 무한한 자유를 주체하지 못하고 타인과의 경쟁을 감당하지 못한다. 스위스 정신과 의사 파울 킬홀츠Paul Kielholz는 우울증 환자가 증가한 원인을 전통의 붕괴에서 찾는다. "가정의 붕괴와 종교적 결속의 상실은 우울증의 주요 원인이다"(Nuber 20에서 재인용). 정신과 의사이자 심리치료사인 다니엘 헬Daniel Hell은 곧잘 거처를 옮겨야 하는 현대인의 속성이 사람들에게 부담을 주고 그들을 과거와 단절시킨다고 한다. 우리 영혼은 갈수록 빠르게 변하는 세상에 힘겨워하고 뿌리를 잃어 상실감을 느낀다. 흔히 우울증은 이런 세상에서 도움을 청하는 영혼의 절규다.

우울증을 호소하는 사람이 꾸준히 증가하고 있다. 그래도 사람들은 여전히 드러내 놓고 말하기를 꺼린다. 아무 말도 하지 않는 것을 최선이라 여긴다. 위험스럽게도 자신이 아닌 다른 사람의 이야기를 하고, 우울증보다는 위염이나 만성 두통을 하소연한다. 예기치 않게 찾아온 절망과 실의, 끝없는 낙담보다는 암에 대해 이야기하는 편이 사실 더 쉬울지도 모른다. 어느 경영인이 내게 우울증에 걸린 지인의 사연을 들려주었다. 얼마 전까지만 해도 꽤 잘나가던 사람이었다고 한다. 하루는 그가 차를 몰고 중요한 약속에 가는데 갑자기 식은땀이 나 도저히 운전할 수가 없었다. 의사는 '우울증'이라고 했다. 친구들은 놀랄 수밖에 없었다. 그토록 강건하고 성공한 남자가 우울증에 걸렸다니 당황스러웠다. 하지만 우울증은 누구에게나 찾아올 수 있다. 터놓고 이야기하고 적절한 대처법을 찾는 것이 그래서 중요하다.

얼마 전 나는 우울증을 영성으로 다루는 법에 대해 책을 써야겠다는 생각이 들었다. 어떻게 이야기를 풀어 갈지는 이미 구체적으로 구상해 놓은 바 있었다. '우울증'을 주제로 한 책이 벌써 수천수만 권이라 주저하기도 했다. 그렇지만 심리학과 정신의학의 측면에서 다룬 것인 만큼 우울증과 영성의 관계가 조명되지는 않았다. 그래서 감히 이렇게 책을 냈다. 이 책은 성경을 근거로 삼아 사막교부의 전통을 살필 것이다. 4세기경 살았던 수도승들에게 슬픔과 무력함은 매우 중요한 주제였다. 그들은 사막에서 은둔자로 살아가며 자신의 사고와 감정을 세밀히 관찰했다. 인생을 고되게 하고 기도를 힘겹게 만드는 우울증에 대해 기록을 남겼다.

기존의 책을 답습하지는 않을 것이다. 이미 알려진 지식에서 나아가 성경과 영적 전통에 관심을 기울일 것이다. 정신의학과 심리치료에서 우울증을 다루는 법을 배운 나는 성경과 영적 전통에서 또 다른 방법, 즉 영적 방법을 찾고자 했다. 심리학과 정신의학은 우울증에 대해 중요한 인식을 심어 주었다. 우울증에 걸린 이와 일하는 사람이라면, 누구나 이러한 인식에 관심을 기울여야 한다. 과거에는 우울증을 '내인성 우울증'(endogene Depression)과 '외인성 우울증'(exogene Depression)으로 명확히 구분했다. 한 가설에 따르면 '내인성 우울증'은 신체적 원인으로 생기고 '외인성 우울증'은 상실 체험이나 과도한 요구, 중요 발달 단계에 대한 거부로 생긴다. '외인성 우울증'은 '반응성 우울증'(reaktive Depression)이라고도 부르며, 대표적 예로는 탈진성 우울증, 결혼 생활의 실패나 사랑하는 사람의 죽음 후에 찾아오는 우울증, 중년기 우울증과 노년기 우울증 등이 있다. 지금은 '내외적' 원인에 따라 구분하는 것에 신중해졌다. '이것 아니면 저것'이라는 식으로 생각하지 않는 것이다. 우울증의 원인이 몸에 있는지, 마음에 있는지 묻는 것 자체가 잘못되었다. 질병에는 언제나 육체와 정신이라는 두 가지 측면이 있다. 그래서 이제는 우울증을 경증·중등증·중증으로 나누어 말한다.

과거에 심리치료사들은 약물치료를 기피했지만, 정신과 의사들은 선호했다. 현재는 약물치료와 심리치료가 상호 보완적 역할을 한다. 분명 바람직한 발전이다.

우울증에 시달려 왔음을 공개적으로 밝힌 스위스 언론인 뤼디 요주란Ruedi Josuran은 약물치료에 대해 이렇게 말했다. "나는 약의 도움을 오랫동안 거부했습니다. 내 세계관을 흔들어 놓았기 때문이지요. 몇 밀리그램에 불과한 물질이 정신의 불균형을 바로잡는다니 받아들이고 싶지 않았습니다. 하지만 지금은 약물치료 덕에 뚜렷이 호전되었다고 말하지 않을 수 없습니다. 항우울제는 수많은 환자와 가족의 고통을 덜어 주었습니다. 이루 말할 수 없을 정도입니다. 내게는 결정적 돌파구였습니다. 앞으로 내가 어떻게 되더라도 언제든 항우울제를 쓸 수 있어서 기쁩니다. 나는 약물치료 덕에 안정을 되찾고 깜깜한 터널에서 빠져나올 수 있었습니다"(Josuran/Hoehne/Hell 70 이하). 약물치료가 우울증의 본질을 호도하고 환자가 우울증을 직면하는 것을 방해한다는 비판을 요주란도 모르는 것은 아니다. "우울증에 걸려 본 적이 없는 사람이라면 그렇게 떠들어 댈 수 있습니다. 그런데 나라면, 사람이 물에 빠졌을 때 당장 구명 튜브를 던지지, 물에 빠진 이유를 따지진 않을 겁니다"(같은 책 72).

이는 분명 예민한 직관이 필요한 문제다. 약으로 모든 것을 해결할 수 있다는 사람들이 있다. 그들은 약의 복용을 당당히 여기고, 모든 문제를 제힘으로 극복할 수 있다고 믿는다. 반면에 항우울제를 복용했지만 너무 일찍 중단한 탓에 다시 '나락'에 빠지는 사람들도 있다. 우울증에 걸린 사람을 대하는 성직자나 심리치료사는 모든 것이 상담으로 치료되지는 않는다는 것을 겸허히 인정해야 한다. 언제 우울증 환자를 의사에게 보내야 하는지 알아야 한다. 나는 영성으로 우울증을 다루는 법에 대해 집필하며, 우울증이 영적 도전이라는 것과 영적 방법이 우울증 치유에 도움이 된다는 것을 확신했다. 기도에는 치유의 힘이 있다. 그런데 어떤 이들은 오직 기도만 하면 되고, 기도로 우울증에서 벗어날 수 있다고 한다. 하지만 이런 기대는 금세 깨지기 마련이라, 더욱 깊은 절망과 좌절에 빠지게 된다. 영적 방법은 심리적·신체적 상황을 고려하고 정신의학과 심리학의 도움을 고맙게 받아들여야 한다. 오직 기도로만 우울증을 극복할 수 있다고 단언하거나, 치료적 도움을 거부하는 사람은 사막교부들이 말한 '겸손'을 제대로 이해하지 못한 것이다. 겸손은 우울한 기분으로 침잠하는 용기이자 그것을 하느님에게 내보이는 용기다. 그렇지만 겸손은 하느님이 도와주시더라도, 전문가의 도움 역시 필요하다는 고백이기도 한다.

우울증을 분류하는 것보다 더 중요하고 의미 있는 것은 우울증 체험을 구체적으로 이야기하는 일이다. "우울증에 걸리면 아무런 즐거움도 흥미도 없다. 기운도 용기도 나지 않는다. 감정이 없다. 아무것도 하지 않고 아무도 만나지 않게 된다"(Josuran/Hoehne/Hell 26). 우울증에 걸린 사람은 삶이 텅 빈 것 같다. 삶 자체가 사라지거나, 멈춰 서버린 것 같다. 존재가 억압받는 것 같다. 살아 있으나 죽은 것 같다. 얼어붙은 듯 꼼짝할 수 없다. 그들은 우울증을 영적 마비나 어두운 밤으로 묘사한다. 다니엘 헬은 우울증을 대할 때 두 가지에 주의해야 한다고 본다. 첫째는 우울증의 원인이 모두 과거에 있다고 보고 과거를 청산하려는 태도다. 우울증에 걸린 사람은 자신의 과거를 부정적으로만 체험하기 때문에 "과거를 너무 성급히 정리해 버리면, 지금까지 걸어온 인생을 은폐하게 되고 죄스럽고 수치스럽게 여기게 된다"(같은 책 27). 둘째 위험은 우울증을 불면증이나 식욕부진, 사고 저하, 집중력 감퇴와 같은 신체적 증상으로 치부하는 태도다. 그래서 우울증이 전하는 메시지가 무시되는 경우가 비일비재하다. 헬에 따르면 자신이 체험하는 우울증을 가만히 살펴보고, 그 의미를 깨달아, 삶에 받아들이는 것이 중요하다. 우리는 무엇보다 우울증에서 벗어나기를 바란다. "우울증이 불청객이나 오물이라도 되는 것처럼 떨쳐 내려고 한다"(같은 책 29). 우울증이 우리가 맞서 싸워야 할 이물질이 된 것이다. 그렇지만 우리는 우울증으로 겪게 되는 온갖 체험을 이해하고 삶에 받아들일 수도 있다. 우울증은 언제나 우리에게 무엇인가를 말하고자 한다. 메시지를 던지고자 한다. 우울증은 규범과 척도를 되돌아보고 인생의 신비를 새로운 눈으로 바라보게 한다.

우울증을 분류하는 것은 위험한 일이지만, 그래도 몇 가지 개념을 설명할 필요는 있다. 우울증은 임상 용어로 '단극성 우울증'(unipolare Depression)과 '양극성 우울증'(bipolare Depression)으로 구분한다. '양극성 우울증'은 조울증이라고도 하는데 조증과 울증 상태가 반복된다. 조증 상태에 있는 사람은 과잉 활동을 하고 잠을 거의 자지 않는다. 단극성 우울증은 '지체성 우울증'(gehemmte Depression), '초조성 우울증'(agitierte Depression), '위장된 우울증'(larvierte Depression)으로 나눈다. '지체성 우울증'에 걸린 사람은 내면이 마비된 듯하고 무엇을 할 기운이 털끝만큼도 없다. '초조성 우울증'에 걸린 사람은 불안정하고 얼빠진 행동을 한다. '위장된 우울증'에 걸린 사람은 두통, 위장 장애, 식욕 상실, 현기증 같은 신체 증상으로 우울증을 은폐한다 (Althaus/Hegerl/Reiners 2006, 20 이하 참조).

영적 전통을 살펴보면 사람들은 영적 여정에서 '어두운 밤'을 체험한다. 나는 책 말미에 우울증과 '어두운 밤'의 관계를 언급할 것이다.

나는 성경과 영적 전통에, 특히 사막교부에게 근거를 두고자 했다. 우울증으로 유발된 감정과 증상을 묘사한 부분을 골라내 각 장마다 성경 이야기나 영적 방법과 연결 지었다. 그리고 우울증이 우리의 영적 여정에 수용되어야 하지, 간과되면 안 된다고 밝혔다. 나는 독자에게 희망을 주고 싶다. 우리에게는 기도와 묵상이 있다. 또한 영적 전통에서 유래한 여러 영적 방법이 있다. 이것들은 우울증에 접근하고 우울증을 다스리는 좋은 방법이다.

그러므로 우울증의 본질과 치유에 대한 체계적인 설명은 여기서 중요하지 않다. 성경 이야기들이 어떤 특정한 우울증으로 명확히 구분되는 것도 아니다. 그리고 무엇보다도, 성경이 보여 준 치유의 과정은 약물치료나 그 밖의 다른 치료가 불필요하다는 것을 암시하려는 것이 아니다. 우울증에 걸린 사람은 자신에게 적합한 약물치료나 정신의학적·심리학적 도움을 찾아야 한다. 하지만 이것이 전부는 아니다. 영적 방법도 치유에 도움이 된다. 성경에서 발견한 우울증의 전형과 그 치유 과정은 영적 방법으로 우울증을 치유하는 길을 보여 준다. 영적 치유는 우울증을 새로운 시선으로 바라보게 한다. 그리고 우울증이라는 병을 영적 여정에서 만난 '기회'로 여기고 우리의 영성에 받아들이도록 돕는다. 우울증은 더 이상 우리 인생 전부를 마음대로 할 수 있는 존재가 아니다.

우울증을 대할 때 필요한 것은 겸손이다. 우울증에 걸린 사람은 물론이고 치료사와 성직자에게도 필요하다. 드물지만, 우울증을 치료한다는 것이 우울증을 완전히 없앤다는 것을 의미하는 경우도 있다. 하지만 우울증과 무관하다기보다 다른 인간적인 방식으로 우울증과 관계를 맺는다는 것을 의미하는 경우가 더 많다. 우울증을 평생의 숙제로 인정하는 것이다. 하느님에게 향하는 길은 우울증을 피해서 돌아가지 않는다. 곧바로 통과해 간다. 우리는 모두 우울증에서 벗어나고 싶어 한다. 우울증을 놓아 버릴 수 있다면 정말 좋겠지만, 받아들이지 않으면 놓아 버릴 수 없다. 먼저 우울증과 화해하고 친해져야 한다. 그러면 우울증이 힘을 잃는다. 그리고 동반자가 되어 우리를 끊임없이 자극할 것이다. 우리가 진실한 삶을 살아가며 깊은 근원에서 힘을 얻어, 마침내는 하느님의 사랑에 온전히 따르게 할 것이다.

나는 병자들이 예수에게 도움을 청하는 치유 이야기에서 시작하고자 한다. 그들의 병은 우울증이 겉으로 드러난 것으로 이해할 수 있다. 우울증이 치유 이야기의 주제는 아니다. 그렇지만 우울증이 흔히 신체적 증상으로 나타난다는 점을 감안한다면, 예수가 병자를 대하는 방식과 병자에게 사용한 '치유법'을 우울증과 관련해서 살펴볼 수 있을 것이다. 우리는 일정한 관점에서 접근하고자 한다. 성경의 치유 이야기는, 우리가 느끼는 불쾌한 감정을 예수 앞에 내어 놓으며, 우리를 치유하고 기분을 변화시켜 주십사 청하라고 요구한다. 절대로 예수는 고통 없이 병자를 치유하는 마법사로 성경에 나오지 않는다. 예수는 병자에게 자신의 본모습을 직면하게 한다. 자신의 본모습을 직시하는 것은 이루 말할 수 없이 고통스럽다. 예수가 병자에게 다가가 그들을 치유하는 방식을 보며 우리는 자신의 우울증을 다루는 법을 배우고, 치료사와 성직자는 우울증에 걸린 사람을 대하는 법을 깨닫는다. 예수가 병자들과 함께한 길은 우리에게도 치유의 길이다.

자기 연민에 빠지지 마라

우울증에 걸린 사람은 타인과 관계를 끊는 경우가 많다. "다른 사람을 만나면 자기감自己感을 잃어버릴 것 같은 위험을 느낀다"(Hell 56). 그들은 다른 사람에게 거부당해서 자신의 존재를 완전히 잃어버릴까 봐 두려워한다. 자신을 받아들이는 것을 어려워한다. 다른 사람들이 자신을 꺼려한다고 느낀다. 자존감自尊感이 미약하다. 다른 사람들이 자신을 무가치하게 여기고 진지하게 받아들이지 않는다고 생각한다. 그러니 악순환에 빠지는 경우가 많다. 자신을 받아들이지 못하는 사람은 타인의 평가에 지나치게 매달린다. 타인의 인정에 한없이 목말라하면서도 자신을 받아 주려고 애쓰는 사람들을 거부한다. 다른 사람들이 자신을 착취하거나 손아귀에 넣을까 봐 두려워한다. 우울증에 걸린 사람의 배우자는 기운이 모조리 빠져 버린 것 같은 때가 많다. 그래서 우울증에 걸린 사람에게 등을 돌린다. 혹은 간섭하게 되는데, 그러면 우울증에 걸린 사람은 친밀함에 두려움을 느껴서 뒤로 물러난다. 그들은 이러한 행동으로 상대방의 관심을 끈다. 그렇지만 관심을 기울일수록 그들은 다시 우울증에 빠지고, 가족들은 불안해한다. 이런 악순환은 가족들을 공격적으로 만들거나, 그들처럼 우울하게 한다. 그들에게서 억압된 공격성을 느낀 가족들이, 그들이 떨쳐 버리려고 한 공격성을 넘겨받았다고 할 수 있다.

흔히 우울증은 방어기제다. 타인에 대한 두려움으로 우울증이라는 벽 뒤에 숨는 것이다. 우울증에 걸린 사람은 주위 사람에게 깊은 소외감을 느낀다. 그들은 주위 사람과 연락을 끊고 산다. 우울증에 시달리는 한 여성이 내게 이렇게 이야기했다. "인간관계를 회복해 보려고 발버둥을 쳐 봐도 잘되지 않아요. 가족들이 찾아와도 한밤에 찾아온 귀신이나 허깨비 같아요. 아이들의 모습도 어렴풋

하고요. 나는 원하는 것도 없어요. 나와 남편 사이에는 공허함뿐이라 서로 다가갈 수가 없어요"(Hell 58 이하). 우울증에 걸린 사람은 그 어떤 것에도 기뻐하지 않는다. 누구를 만나도, 칭찬을 들어도 기뻐하지 않는다. 그저 모든 것이 스쳐 지나갈 뿐이다. 나는 특별히 더 친절을 베풀고 관심을 기울여서 그들을 대하려고 한다. 그렇지만 아무런 반응이 없으면 아무래도 실망하게 되고, 다음 상담 때는 행여 내 노력이 무의미해지는 기분이 들까 봐 나도 모르게 소극적이 된다.

마르코 복음에는 나병 환자가 예수에게 달려가 도움을 청하는 장면이 나온다. 그는 예수 앞에 무릎을 꿇고 간청했다. "스승님께서는 하고자 하시면 저를 깨끗하게 하실 수 있습니다"(마르 1,40). 나병 환자는 격리되어 있었다. 마을에서 멀리 떨어진 곳에 살아야 했다. 건강한 사람에게 접근해서는 안 됐다. 소외되었던 것이다. 그토록 소외된 삶이 어떠했을지는 상상하기도 힘들다. 삶에 희망이 없다. 모든 것이 우울할 뿐이다. 소외를 견딜 수 없었던 나병 환자는 고립에서 벗어나고자 예수에게 갔다. 나도 나를 거부하고 남도 나를 거부하는 악순환, 그 악순환의 굴

레에서 벗어나지 못하는 자신의 무력함을 인정했다. 그런데 그는 예수가 자신의 문제를 해결해 주리라고, 자신을 현실에 직면시키지 않고도 우울증을 치유해 주리라고 생각했다. 하지만 예수는 소원을 들어주지 않았다. 예수는 확신했다. 나병에 걸린 그가, 버림받고 소외된 그가 행동하리라고 믿었다. 예수는 그에게 내면의 힘을 일깨웠다.

치유의 첫 단계는 예수가 우울증을 앓는 사람과 함께 아파한 것이다. 하지만 연민이 지나친 배려가 되어서는 안 된다. 그러면 우울증이 악화된다. 우울증 환자의 행동은 주위 사람에게 연민을 불러일으켜 그를 보살피게 만든다. 그런데 "이런 보살핌이 연민에 그친다면 장기적으로 위험할 소지가 있다"(Hell 214). 연민은 치료사에게도 독이 되어 치료사가 우울해질 수도 있다. 치료사는 환자에게 공감하고 환자의 입장이 되어 보아야 하지만, 치료사 자신의 내적 원천을 지키려면 연민에도 선을 그어야 한다.

예수는 나병 환자를 연민하는 데 그치지 않았다. 적극적으로 행동했다. 예수가 행한 치유의 둘째 단계는 우울증에 걸린 사람에게 손을 내밀어 그와 관계를 맺은 것이다. 예수는 나병 환자와 소통하고자 했다. 예수는 그와 당신을 잇는 다리를 놓았다. 우울증에 걸린 사람을 대할 때는 인내가 많이 필요하다. 그들은 폐쇄적이고 치료사와 관계를 맺는 것을 두려워한다. 치료사나 성직자가 그들의 폐쇄적인 태도에 압도되지만 않는다면 냉담한 분위기가 서서히 풀려서 관계가 형성될 수 있다.

셋째 단계는 예수가 나병 환자와 접촉한 것이다. 우울증에 걸린 사람의 절망감에 전염되는 치료사가 적지 않다. 그들은 나락에 떨어져서 에너지를 모조리 빼앗기지 않으려고 방어기제를 사용한다. 우울증에 걸린 사람의 친구와 친척에게도 비슷한 일이 일어난다. 그들은 우울증에 시달리는 사람에게 관심을 기울이면서도 기운을 모두 빼앗기지 않을까 두려워한다. 고통, 자기 연민, 비난 같은 온갖 불행에 오염되지 않을까 걱정한다. 그렇지만 거리를 두면 둘수록 우울증에 걸린 사람은 더욱더 매달리게 된다. 그들의 기대는 날로 커져만 간다.

예수는 나병 환자와 접촉하는 것을 두려워하지 않았다. 예수는 당신 안에, 하느님 안에 머물렀다. 이러한 까닭에 나병 환자의 우울증은 그분에게 힘을 미칠 수 없었다. 예수의 중심은 흐트러지지 않았다. 나병 환자에게 사랑으로 관심을 기울여도, 그와 접촉해도 예수에게서 샘솟는 내면의 원천은 더럽혀지지 않았다. 우울증에 걸린 사람의 절망과 내적 공허에 전염될까 봐 두려워하는 치료사는 예수에게서 자신의 중심을 보호하는 법을 배울 수 있다. 하느님과 하나인 사람은 병든 이를 두려워하지 않는다. 그들에게 전염되어 고통받을까 봐 염려하지 않는다. 아무도 침범할 수 없는, 내적 침묵의 공간에 맞닿은 사람은 우울증에 걸린 사람에게 마음을 열고 관심을 기울일 수 있다. 타인의 어둠과 혼돈에 흔들리지 않는 내면의 공간이 자신에게 있음을 알기 때문이다. 성직자가 침묵의 공간에 머무른다면, 치료사는 온전히 자신에게 머무른다. 이때 치료사는 자신의 내면에서 안식하는 동시에 하느님 안에서 안식하게 된다. 치료사는 이런 내면의 안식에 힘입어, 예수가 그랬던 것처럼 우울증에 시달리는 사람과 접촉하고 그들의 고통을 함께 나눈다.

넷째 단계는 예수가 나병 환자를 말씀으로 치유한 것이다. "내가 하고자 하니 깨끗하게 되어라"(마르 1,41). 이 말씀은 이런 의미일 것이다. '나는 네가 깨끗했으면 좋겠다. 내가 너를 돕겠다. 내가 너를 받아들이겠다. 나에게는 네가 깨끗하다. 하지만 네가 깨끗해지고, 내가 너를 돕고, 내가 너를 있는 그대로 받아들이는 것은 이제 네 몫이기도 하다.' 예수는 우울증에 걸린 나병 환자를 도왔다. 그의 곁에 머물며 함께 길을 걸었다. 하지만 우울증을 없애 주지는 않았다. 오히려 제힘으로 할 수 있는 일은 스스로 하도록 자극했다. 예수가 나병 환자를 받아들일 때는 나병 환자도 우울증에 시달리는 자신을 받아들일 준비가 되어 있어야 한다. 우울증에 걸린 자신을 있는 그대로 수용하는 사람은 스스로를 부정하게 느끼지 않는다. 우울증을 자신의 일부이자, 있어도 괜찮은 것으로 여긴다. 그러면 우울증은 힘을 잃어 더는 그들을 지배하지 못한다. 사람들과 거리를 두지 않아도 된다. 자신을 괴롭히는 우울증으로 다른 사람까지 힘들게 해서는 안 된다고 느끼는 사람이 많다. 그들은 우울증에 걸린 자신을, 다른 사람에게 짐이 되는 자신을 책망한다. 스스로를 한탄하며 자신이 할 수 있는 조치마저 거부한다. 그들이 먼저 해야 할 일은 우울증이라는 병이 생길 수도 있다는 사실과, 자신이 바로 지금 그 병에 걸렸다는 사실을 인정하는 것이다. 이것을 인정하고 우울증을 삶에 받아들이는 사람은 용기 내어 다른 사람에게 다가간다. 병세가 심해질 때에도 다른 사람을 믿고 다가간다.

예수는 우울증에 걸린 사람이 다시 희망을 품을 수 있도록 기회를 마련해 줄 뿐이다. 인생은 스스로 결정해야 한다. 위기가 찾아오더라도 받아들일 준비가 되어 있어야 한다. 우울증에 걸린 사람에게는 쉬운 일이 아니다. 러시아 작가 막심 고리키Maksim Gor'kii도 우울증에 시달렸다. 고리키는 "우울증을 부정했고 병세가 극에 달한 상황에서도 결코 자신을 연민하지 않았다"(Cermak 52). 그는 스물셋에 자살을 기도했다. "산다는 것을 견딜 수 없을 것 같아 내게 총을 쐈다"(같은 책 51). 그는 자살을 기도했던 시절을 부끄러워했다. 그 후로 자신의 우울증과 병을 부인했고, 도스토옙스키Dostojewski에게서 자신의 적을 보았다. 도스토옙스키는 자신이 겪은 숱한 고통을 "높은 곳으로 부름 받은 사람"의 특징이자 "이 세상의 의미를 더욱 깊이 알게 하는 필연적 고통의 반영, 즉 거룩한 고통의 반영"으로 이해했다(같은 책 52). 고리키는 무신론자로서 평생을 병마와 우울증과 싸웠다. 하지만 이 싸움은 도리어 그를 힘들게 했고, 그는 병마를 이겨 내지 못했다. 우울증은 자신을 증오하는 사람을 끝까지 쫓아간다. 우리는 우울증과 화해하고 삶에 받아들여야 한다. 그래야만 우울증이 변화해서 값진 보물이 된다. 빙엔의 힐데가르트Hildegard von Bingen가 우리에게 약속한 것처럼 우울증이 진주가 되는 것이다.

우울증에 걸린 사람에게 중요한 것은 우울증을 동반자로 삼아 삶에 받아들이는 일이다. 시인 크리스티안 모르겐슈테른Christian Morgenstern이 좋은 예다. 모르겐슈테른은 말했다. "모든 병에는 특별한 의미가 있습니다. 병은 정화의 과정입니다. 사람들은 그 의미를 풀어내기만 하면 됩니다. 의미는 분명히 있습니다. 하지만 사람들은 자신의 일 대신 오만 가지 엉뚱한 일에 대해 알아내고 생각하는 것을 더 좋아합니다. 병의 의미를 드러내는 심오한 계시를 해독하는 법을 배우려 하지 않습니다"(Hell 224에서 재인용). 예수는 "깨끗하게 되어라"(마르 2,41)는 말씀으로 나병 환자를 치유했다. 모르겐슈테른은 병을 정화의 과정으로 보았다. 진실한 자기상을 왜곡하는 환상과, 나와 내 부모가 진실한 '자기'를 은폐하는 미혹迷惑에서 우울증이 나를 정화한다. 우울증은 하느님이 만든 나의 근원적이고 순수한 모습과 만나게 한다. 그렇지만 우울증이 요구하는 정화의 과정은 매우 고통스러울지도 모른다. 내가 만들어 낸 자기상, 즉 감정을 통제하고, 모든 문제에 정면으로 맞서고, 아무런 두려움이 없고, 삶을 지배하는 강인한 사람이 바로 나라는 자기상과 이별하는 것은 괴로운 일이다. 내 내면에는 삶의 풍파를 두려워하는 겁 많은 아이가 있다. 삶과 사랑을 동경하지만, 홀로 있고 버림받았다고 느끼는 슬픈 아이도 있다. 모르겐슈테른은 우울증을 우리 자신과 삶의 신비에 대해 많은 것을 알려 주는, 우리가 읽을 수 있는 책으로 보았다.

주옥같은 기도시를 쓴 라인홀트 슈나이더Reinhold Schneider도 말년에 우울증에 시달렸다. 슈나이더는 우울증을 앓으며 '복음의 역설'을 보았다. "어떤 의미에서 우리는 병들어야 합니다. 그렇지 않으면 그분은 우리에게 오지 않으십니다. 우리는 병드는 동시에 치유됩니다"(Hell 230에서 재인용). 우울증은 하느님에게서 떨어진 외딴곳이나, 나자신과 타인과 하느님과 단절된 좁고 어두운 동굴로 체험될 수도 있다. 하지만 우리를 하느님 체험으로 깊이 이끌수도 있다. 나는 어둠 한가운데서 완전히 다른 하느님이

다가오심을 어렴풋이 느낀다. 그분은 언어로 표현할 수 없는 하느님, 인간의 지력으로 파악할 수 없는 무한한 하느님이다.

다니엘 헬은 우울증을 받아들이는 것을 내면을 맑게 보는 길이라고 했다. 헬은 한 환자의 사례를 들었다. "내인성 우울증에 시달리던 환자가 영혼과 육신을 쇠약하게 하는 우울증에 대해 저항하기를 그만둔 후, 어떤 이해관계나 압력에 방해받지 않고 모든 것을 투명한 시각으로 지각하게 되었다는 이야기를 똑똑히 들었습니다"(Hell 231). 이런 사례를 나도 상담을 하며 여러 번 보았다. 우울증에 걸린 사람은 내면의 고통과 어둠을 말하기도 하지만, 삶을 아주 뚜렷하게 들여다보기도 한다. 그들은 자신의 삶에서 정말로 중요한 것이 무엇인지 안다. 자신의 상황만이 아니라 이 사회의 상황에 대해서도 내가 분명히 알아들을 수 있게 설명해 준다.

신비주의에서는 영혼과 정신의 '어두운 밤'을 이야기한다. '어두운 밤'과 우울증이 같지는 않다. 그렇지만 우리가 자신의 우울증을 받아들이면 우울증은 '어두운 밤'이 될 수 있다. '어두운 밤'은 우리가 하느님에게 투사投射한 모든 것을 통해 우리의 감각과 정신을 정화한다. 우울증은 우리가 자신을 위해 하느님을 독점하지 않도록 지켜주고, 하느님을 우리의 욕구를 채우는 수단으로 이용하지 않도록 도와준다. 이렇게 우울증은 인간의 지력으로 파악할 수 없는 하느님의 본성을 있는 그대로 바라보게 한다. 시인 시어도어 레트케Theodore Roethke는 "눈은 어두울 때 보기 시작한다"(Fairchild 73에서 재인용)고 했다. 우리의 시선은 외면이 어두워졌을 때 내면을 향한다. 그곳에서 우리는 존재의 신비를 깨닫곤 한다.

치유의 첫 단계는 나 자신과 우울증을 수용하고, 나아가 우울증을 삶에 통합하는 것이다. 우울증에 걸린 사람이 이것을 혼자 힘으로 해내기란 거의 불가능하다. 나병 환자에게 예수가 있었던 것처럼 우울증에 시달리는 사람에게는 관심을 기울이며 곁에 머물러 줄 사람, 감내하며 어루만져 줄 사람, 내면의 힘을 일깨워 줄 사람이 필요하다. 우울증에 걸린 사람은 이런 조력자 곁에서 혼자 할 수 있는 일은 혼자 하는 법을 배워야 한다. 이것이 사람답게 사는 길이자 우울증을 받아들이는 길이다. 우리에게 필요한 것은 우울증에 대한 거부가 아니라 공감이다. 우울증을 마음 깊이 이해해서 우울증이 우리에게 무엇을 말하고자 하는지, 무엇을 알리려 하는지 물어야 한다. 모든 우울증에는 의미가 있다. 우울한 기분 탓에 우울증을 거부하고 자신을 하찮게 여긴다면, 우울증의 의미는 결코 깨달을 수 없다. 우울증이 점점 심해질 뿐이다. 우울증이 우리를 지배하게 되는 것이다. 나는 상담을 하며 하느님을 믿고 의지하지 못할 정도로 우울하다는 사람을 많이 봤다. 그들은 어쩔 수 없다고 체념해 버렸다. 하지만 이러한 체념은 우울증을 고착시킬 뿐이다. 공감만이 우울증을 변화시킬 수 있다.

둘째 단계는 우울증과 관계를 맺는 것이다. 달리 말하자면 우울증을 마주 보고 깊이 살펴보며 물음을 던지는 것이다. 내게 무엇을 말하고자 하는지, 나를 위한 메시지가 무엇인지, 무엇을 일깨우고자 하는지, 무엇이 나를 힘겹게 하는지, 내가 작별을 고해야 하는 자기상은 무엇인지, 내가 포기해야 하는 내적 태도(어디서나 사랑받고 싶고, 모든 기대에 어긋나지 말아야 하는 완벽주의)는 무엇인지 묻는 것이다.

셋째 단계는 접촉이다. 자신의 신체에 깊이 귀 기울이는 것은 우울증과 접촉하는 좋은 방법이다. 이러한 방법은 무엇보다 '초점치료'(Focusing-Therapie)에 잘 나와 있다. 초점치료는 우울증을 설명하거나 여러 단계로 나누지 않는다. 그저 신체 변화를 지각하게 한다. 초점치료는 지각을 통해 우울증을 다르게 체험할 수 있다고 믿는다. 우리는 감각에 집중해서 신체를 깊이 느끼며 자문할 수 있다. 내 몸 어디에서 우울증의 기미가 보이는가? 온몸에 가득한가? 아니면 가슴에 꽉 막혔는가? 두 다리에 육중하게 매달렸는가? 이때 우리는 우울한 감정이 자리 잡은 곳을 찾아가서 느낀다. 우울한 감정의 한가운데로 들어가서 그 감정을 온전히 느껴 내는 것이다. 그 감정 아래에는 무엇이 있는가? 우리의 몸은 그곳에서 무엇을 느끼는가? 다른 감정이 일어나지는 않는가? 우울증은 그것이 자리 잡은 곳을 애정 어린 마음으로 느낄수록 변화하게 된다.

넷째 단계는 깨끗해지기를 원하는 것이다. 우울증을 긍정해야 한다. 우울증에 걸린 나 자신을 받아들인다. 자신을 부정하거나 비하하지 않는다. 자신을 나병 환자 같은 사람으로, 부정하고 무가치하고 더러운 존재로 느끼는 것을 끊어 버린다. 자신을 있는 그대로 받아들인다. 내가 우울증에 걸렸다는 사실에 용서를 구하지 않고도 다른 사람에게 의지한다. 우울증을 겪으며 알게 된 자신의 약점을 직시하고 의지력과 접촉한다. 살고자 한다. 나 자신을 포기하지 않는다. 우울증이 나를 무력하게 만들더라도 내게는 삶의 의지가 있다. 이 의지를 불러일으켜서 자기 연민에 빠지지 않게 한다. 우울증에 시달리는 사람은 하루를 시작할 때도 온몸에 기운이 없다. 침대에 누워만 있으려고 한다. 일어날 생각이 없다. 삶의 의지를 일으키려면 다른 방식으로 접근해야 한다. 자신에게 자리에서 일어날 의욕이 없음을 자각한다. 무기력한 상태를 부정하는 것이 아니라 인정하는 것이다. 그러면서 무기력한 상태에게 말을 걸고, 스스로 되뇐다. '일어날 의욕 같은 건 없다. 그래도 나는 일어난다. 우울하다. 그래도 나는 따뜻한 물로 샤워할 것을 생각하며 침대에서 발을 내딛는다.' 의지는 우울증 아래에 자리하고 있다. 중요한 것은 의지로 우울증을 억누르는 것이 아니라, 우울증을 가로질러 의지와 접촉하는 것이다. 이때 우리는 우울증에 시달리고 있음에도 어떤 힘을 느낀다. 그 힘은 우리 의지 안에 변함없이 깃들어 있다. 그 힘은 내가 지금 이 순간 자리에서 일어나 오늘을 결정하고 인생을 결정하기에 결코 모자람이 없다.

2 일어나 자신의 길을 가라

우울증에 걸린 사람은 스스로 움직임이 더디고 움츠러들었다고 느끼곤 한다. 몸이 천근만근이다. 걷는 둥 마는 둥 걷고, 보는 둥 마는 둥 본다. 그들은 "모든 행동이 차단된 기분이다"(Hell 61). 그래도 움직이는 편이 좋다는 것을 알고는 있지만, 좀처럼 침대에서 나오지 않는다. 집을 나서는 것은 말할 필요도 없다. 고통에서 벗어나려고 용기를 내지 못한다. 두 다리가 너무 무겁다. 이러한 행동 둔화는 우울증의 가장 일반적인 외적 징후다. 다른 사람이 보기에 우울증에 걸린 사람은 힘겹지 않은 것이 없다. 제 발로 걷는 것조차 힘겹다.

우울증에 시달리는 사람은 흔히 죄책감에 시달린다. 모든 것을 망치고 실패한 기분이다. 산다는 것만으로도 죄스럽다. 자신이 다른 사람의 인생도 힘들게 한다며 미안해하지만, 이런 자책이 행동의 변화로 이어지는 것은 아니다. 가까운 사람이 우울증에 걸리면 주위 사람들이 여러모로 관심을 기울이기 마련인데, 사람들은 관심을 강요받는다고 느낄 때가 많다. 우울증에 걸린 사람은 자신이 '정신을 차리지' 못한다는 것에 죄책감을 느낀다. 더 나은 삶을 살지 못하는 자신을 실패자라 여긴다. 믿음이 부족해서 자책하고, 기도를 하고 성경을 읽고 성체를 모셔도 우울증에서 벗어나지 못해서 자책한다. 그들은 하느님을 신실히 믿는다면 반드시 우울증이 사라질 것이라고 말한다. 강건해야 한다는 강박감과 부적절한 죄책감만이 우울증 여부를 결정하는 판단 기준이 된다. 때로는 제 인생을 제가 책임지는 것을 거부하는 태도가 죄책감으로 나타난다. 사람들은 자신을 책망함으로써 타인의 비판을 면하곤 한다. 죄책감이 방어벽이 되는 셈이다.

20세기 전후에 활동하며 정신의학 발전에 중요한 역할을 한 에밀 크레펠린Emil Kraepelin은 우울증에 걸린 사람에게 나타나는 '죄책망상'(Versündigungswahn), '죄책관념'(Versündigungsideen)을 언급했다. 신앙인이 우울해지면 이런 사고에 빠지는 경향이 있다. 자신이 예수가 말한 '성령을 모독하는 죄'(마르 3,28-29 참조)를 저질렀다고 생각한다(Steinhilper 136 참조). 이런 사람들은 대부분 성경을 읽지 못한다. 성경 곳곳에서 죄와 저주와 지옥을 맞닥뜨리기 때문이다. 그들은 죄의식을 느끼며 이런 성경 구절 읽는다. 자신이 인생을 망쳐 버린 죄인이자 저주받은 죄인이라고 자책한다. 한 은행원이 내게 성경을 읽지 못하겠다고 털어놓았다. 성경을 읽으면 저주받는 기분이 든다는 것이었다. 한결같이 하느님 뜻에 따라 사는 것도 아니고, 이기적일 때도 많으며, 공격성과 성적 환상도 있다고 고백했다. 신학적 논거로는 그를 도울 수 없었다. 성경을 바라보는 그의 시각은 결국 그를 지배하는 우울증을 의미했다. 그는 그릇된 판단에서 비롯된 죄책감으로 괴로워하는 대신 자신이 우울증에 걸렸으며 도움이 필요하다고 고백해야 했다.

마르코 복음의 중풍 병자 치유 이야기에는 우울증의 두 가지 측면인 죄책감과 행동 둔화가 나타난다(마르 2,1-12 참조). 중풍 병자는 움직일 수 없기 때문에 사람들의 도움에 의지할 수밖에 없었다. 사람들은 중풍 병자를 들것에 눕혀 예수에게 데려갔다. 흔히, 우울증에 걸린 사람은 '브레이크를 밟은 듯' 꼼짝하지 않는 반면 주위 사람들은 매우 적극적이 된다. 중풍 병자의 경우도 마찬가지다. 네 사람이 중풍 병자를 옮겼다. 그들은 예수가 있는 집으로 곧장 들어갈 수 없자 지붕 위로 올라가 구멍을 내고 예수의 발치에 병자를 내려놓았다. 그곳에 있던 사람들은 먼지를 뒤집어쓰는 바람에 예수의 복음을 제대로 듣지 못했을 것이다. 이 이야기는 우울증에 걸린 사람이 주위에 어떤 영향을 끼치는지 잘 보여 준다. 우울증은 때때로 먼지처럼 주위 사람을 뒤덮는다. 그들은 우울증에 '감염'되지 않으려고 콜록대기 시작한다. 우울증이라는 뿌연 먼지 속에서는 앞을 보지 못한다. 그들은 무엇이 진짜 문제인지 명확히 보지 못한다.

예수는 우리의 기대와는 다른 모습으로 중풍 병자를 대했다. 우리 생각에는 중풍 병자를 다시 걷게 하려고 치유를 행한 것 같지만, 예수는 죄와 죄책감을 언급할 뿐이다. "얘야, 너는 죄를 용서받았다"(마르 2,5). 우울증은 단순히 항우울제나 행동치료(Verhaltenstherapie)로 해결되지 않는다. 물론 두 방법이 크게 도움이 되기는 한다. 그렇지만 속 깊은 치유는 죄책감과 작별해야 비로소 일어난다. 우울증에 걸린 사람은 배우자의 암이나 아버지의 심근경색, 주위 사람의 병을 제 탓으로 생각한다. 자신 때문에 남편이 파산했다고 말하는 여성이 있었다. 이유를 묻자 우울증에 걸린 자신이 남편에게 짐이 되었다고 대답했다. 남편을 너무 힘들게 하고 집안 분위기를 무겁게 해서 결국은 파산에 이르렀다는 것이다.

마르코 복음을 보면 예수는 중풍 병자의 우울증을 명확히 이해하고 있었다. 그래서 먼저 죄책감을 살피고 용서를 말한 것이다. 예수는 중풍 병자에게 죄책감을 버려야 한다고 강요하지 않았다. 그에게는 너무 어려운 일이었다. 예수는 당신의 권한으로 그를 용서했다. 이를테면 이렇게 말한 것이다. '너는 지금 이대로 좋다. 하느님은 너는 물론 네 우울증까지도 받아들이셨다. 네 모든 죄를 용서하셨다. 그러니 이제 스스로를 용서하여라. 죄책감으로 괴로워하는 일은 그만두어라!' 하지만 우울증에 걸린 사람은 용서를 믿지 못한다. 성령을 거역해서 용서받을 수 없다고 여긴다. 그들은 다음 말씀을 자신에 대한 이야기로 생각한다. "사람들이 짓는 모든 죄와 그들이 신성을 모독하는 어떠한 말도 용서받을 것이다. 그러나 성령을 모독하는 자는 영원히 용서를 받지 못하고 영원한 죄에 매이게 된다"(마르 3,28-29). 하지만 그들은 이 말씀을 잘못 이해했다. 여기서 죄인은 예수를 더러운 영에 들린 사람으로 여기며 거부한 바리사이를 뜻한다. 우울증에 걸린 사람은 말씀의 진의는 살피지 않은 채, 꾸짖는 말씀이라면 모두 다 자신을 가리키는 것으로 여긴다.

죄책감으로 괴로워하는 사람에게는 용서를 거부하는 태도를 극복하도록 도울 수 있는 예식이 필요하다. 예컨대 고해성사가 있다. 고해성사는 우울증에 걸린 사람이 자신을 용서하도록 돕는다. 물론 이런 예식은 남용될 수도 있다. 예컨대 매번 새로운 죄를 만들어 밥 먹듯 성사를 보는 사람이 있다. 그들이 죄라 여기는 것은 셀 수도 없다. 기억해 내지 못한 죄가 있어서 지난번 고해성사가 잘못되었을 것이라고 믿는 사람도 있다. 이렇게 죄의식에서 벗어나지 못한 채 악순환을 반복한다. 죄의식에 사로잡힌 사람은 중풍 병자처럼 많은 사제를 수고롭게 한다. 그들은 죄를 고해하려고 이 사제, 저 사제를 찾는다.

예수는 용서를 말하고 나서야, 중풍 병자의 마비 증상에 관심을 기울였다. 중풍 병자에게 말을 건네고 나서야, 일어나 들것을 들고 집으로 돌아가라고 말했다. 예수는 병자를 연민으로 대하지 않았다. 명령했다. 예수의 말씀에는 힘이 있었다. 병자를 내면의 힘과 만나게 했다. 예수는 우울증에 걸린 사람에게 한탄할 여지를 주지 않았다. 일어나라고 명령했을 뿐이다. 예수의 말씀에는 자리를 털고 일어나는 것 외에는 다른 어떤 여지도 없는 명백함과 단호함이 있다. 때로는 우울증의 원인이나 여러 감정에 대해 지나치게 몰입하지 않는 편이 좋다. 우울증의 악순환을 깨뜨리는 말씀, 행동을 부르는 말씀이 필요하다.

이 이야기에는 간과하지 말아야 할 사실이 하나 더 있다. 중풍 병자가 들것을 가져가야 했다는 점이다. 들것은 우울증을 상징한다. 우울증은 앞으로도 병자와 함께한다. 하지만 병자는 '들것'에 구속되지 않는다. 오히려 우울증과 함께 살아간다. 우울증을 품에 안고 사랑으로 대하는 것이다. 그렇지만 우울증에 좌우되지는 않는다.

예수는 중풍 병자에게 그가 머물 곳인 집으로 가라고 명령했다. 자신에게 돌아가야 하는 것이다. 병자는 제집

같은 안식처가 필요했다. 그곳에서 자신에게 머물러야 했다. 우울증에 걸린 사람은 스스로를 소외시키곤 한다. 자신의 존재를 느끼지 못한다. 안절부절못하면서도 마비된 듯 꼼짝하지 않는다. 내면에 안식하지 못하고 이리저리 끌려다니는 것이다. 우울증에 걸린 사람은 제집에, 즉 자신에게 머물러야 한다. 이것이 예수의 명령이다. 제집으로 돌아가면 그곳에 우울증이 있더라도 견뎌야 한다. 우울증과 함께 살아가야 한다. 그러면 더는 우울증에 지배받지 않을 것이다. 마르코는 중풍 병자가 치유된 모습을 간략히 전했다. "그는 일어나 곧바로 들것을 가지고, 모든 사람이 보는 앞에서 밖으로 걸어 나갔다"(마르 2,12). 병자는 집으로 갔다. 사람들 앞에서 자랑스레 춤추며 돌아다니지 않고 그저 자신의 길을 갔다. 그 길은 병자를 제집으로, 그 자신에게로 이끌었다. 이제 병자는 자신에게 머무르면서 사람들이 보는 앞에서 자신의 길을 갈 수 있다.

예수가 행한 치유의 두 단계는 우울증과 영성의 관계를 나타낸다. 첫 단계는 하느님이 나를 비롯한 내 모든 것을 받아들이셨다는 것과 그분이 나를 원하신다는 것을 믿는 것이다. 용서에 대한 그분의 약속이 우리 내면에 충분히 와 닿으면 내 존재 자체가 죄라는 죄책감이 사라진다. 그리고 나를 혹사하여 죗값을 치러야 한다는 압박감에서 자유로워진다. 이런 용서 체험은 우리가 스스로를 용서하도록 독려한다. 자신을 용서하지 않으면 하느님의 용서도 도움이 되지 못한다. 이런저런 구실로 끊임없이 자신을 탓하는 행동을 멈출 때만이 하느님의 용서를 진정으로 믿게 된다. 사막에서 금욕과 관상의 삶을 산 초기 수도승들은 이렇게 충고했다. "무언가 지나가면 지나가는 대로 두십시오. 하느님은 당신을 용서하셨습니다. 그러니 당신도 자신의 죄에 집착하는 일을 그만두십시오. 자신을 단죄하는 일도 그만두십시오. 지난 일은 지난 일입니다. 묻어 두십시오. 죄책감을 핑계 삼아 주저앉지 마십시오."

둘째 단계는 쉼 없이 스스로를 일깨워서 우울증에서 깨어나고 우울증과 함께 자신의 길을 가는 것이다. 그 길은 집으로 가는 길이자, 자신에게로 가는 길이다. 몸이 천근만근이어서 아침마다 일어나지 못할 때는 예수님의 말씀이 도움이 된다. "일어나 들것을 들고 집으로 돌아가거라"(마르 2,11) 하신 말씀을 스스로에게 하는 것이다. 이 명령은 내면에 있는 치유자의 요구, 즉 내 안에 있는 건강한 마음의 요구로 이해할 수 있다. 우리는 이 말씀을 되뇌며 자신의 나약함에 대해 골몰하는 일을 멈춘다. 이 말씀은 우리를 말씀에 내재한 힘과 만나게 한다. 우리는 일어나 자신의 길을 간다. 그 길은 우리를 삶으로 이끌고 '제집' 으로 이끈다. 우울증은 짙은 장막처럼 우리의 영혼을 가리곤 한다. 우리는 이 장막을 뚫고 온전하고 건강한 본질, 즉 우울증의 손길이 닿지 않은 내면의 본질과 만나야 한다. 우울증이 사라질 때까지 기다려서는 안 된다. 그러면 언제까지나 자리에 누워 있는 신세를 면치 못할 것이다. 온전히 자신에게 머물고자 한다면, 내면의 본질에서 삶으로 발을 내딛고자 한다면 우울증과 나약함을 딛고 용감히 일어나야 한다. 우울증을 들것처럼 들고 나를 한없이 걱정하는 사람들을 떠나야 한다.

그런데 이렇게 일어나 떠나는 것은 달리 이해할 수도 있다. 고대 의학은 건강한 삶을 위한 기술로 '식생활 조절법'을 발전시켰다. 이것은 행동과 휴식의 균형을 맞추는 기술이다. 사제들을 상담하는 한 치료사가 내게 말했다. "우울증에 걸린 젊은 사제가 많아요. 너무 적게 움직이는 탓이지요." 산책이나 가벼운 달리기 같은 운동은 우울증을 예방하는 좋은 방법이다. 육체적으로 에너지를 발산하며 땀을 흘릴 때 나 자신을 느끼게 되며 호흡도 깊어진다. 나 자신을 느끼면 우울해지지 않는다. 우울증에 걸린 사람은 호흡이 아주 약하다. 신선한 공기를 마시며 움직이는 것이 도움이 되지만 우울증이 심한 사람은 그렇게 할 힘조차 없다. 밖에 나가는 편이 좋다고 알고 있어도 일어설 힘이 없다. 이런 때는 예수의 말씀을 속으로 되뇌는 것이 도움이 될 것이다. "일어나 들것을 들고 집으로 돌아가거라"(마르 2,11). 이 말씀이 효과가 있음을 곧 알게 될 것이다.

3 먼눈 들어 세상을 보라

우울증에 걸린 사람은 세상을 바로 보지 못한다. 아름다움을 보지 못한 채 살아간다. 사람과 사물을 눈으로만 볼 뿐 마음으로 보지 않는다. 아무런 감흥 없이 세상을 본다. 그들과 대화를 나눌 때면 상대방을 전혀 바라보지 않는다는 인상을 받는다. 그들의 눈은 짙은 장막으로 가려 있는데, 그들은 그 장막 뒤에 자신을 숨긴다. 마주하고 있어도 도무지 만날 수가 없다. 우울증에 걸린 사람은 색안경을 끼고 세상을 본다. 인생을 비롯해 자신이 경험하는 모든 것을 색안경으로 바라본다. 그들의 눈에 비친 세상은 부정적이고 위협적이고 두렵기만 하다. 눈이 먼 셈이다.

한 여성이 우울증에 걸린 엄마에 대해 이야기해 주었다. 엄마는 같이 살아도 같이 사는 것 같지 않았다. 유대 관계를 맺을 수 없었다. 엄마는 늘 허공만 보았다. 엄마를 마주하여도 엄마에게 닿을 수 없었다. 엄마의 눈은 텅 비어 있었다. 그 공허한 눈을 견디기가 힘들었다. 어떤 아름다움에도 기뻐하지 못하고, 자식의 애정 어린 눈길도 받아들이지 못하는 사람이 어떨지 상상할 수 있겠는가. 엄마는 우울증이라는 장막 뒤에 사는 사람 같았다.

언론인 페레나 회네Verena Hoehne는 자신이 겪은 우울증을 이렇게 설명했다. "절대적 공허다. 불교에서 말하는 공空이 아니다. 모든 생명의 부재, 생명력의 부재다. 붉은 태양과 만개한 나무와 내 주위를 둘러싼 사람들을 보아도 무의미하다. 사람들의 웃음소리가 들리면 질투심에 사로잡힌다. 그들 가운데 있어도 그들과 함께하지는 않는다" (Josuran/Hoehne/Hell 49). 회네의 경험담은 우울증에 걸린 사람의 체험을 잘 드러낸다. 그들은 사람들과 함께 있어도 소속감을 느끼지 못한다. 다른 사람과 관계를 맺지 못한다. 그들의 눈은 장막에 가려 있어 곁에 있는 사람을 느끼지 못하고, 사람들의 따뜻한 관심에 응답하지 못한다.

예수가 눈먼 이를 치유한 이야기(마르 8,22-26 참조)에서도 우울증에 걸린 사람의 모습을 찾아볼 수 있다. 사람들이 눈먼 이를 데려와 예수에게 손을 대어 달라고 청했다. 이 이야기는 이렇게도 말할 수 있다. 우울증에 걸린 사람은 치료사를 스스로 찾아갈 힘이 없다. 데려다 줄 사람이 필요하다. 그들 가운데는 오랫동안 도와 달라고 말 한마디 못한 채 괴로워하는 이가 많다. 다른 사람에게 짐이 될까 봐 두려워하는 이도 많다. 예수는 눈먼 이에게 손을 얹었다. 그를 받아들여 잠시 길을 이끌었다. 눈먼 이가 소극적이었기에 예수가 주도권을 쥐고 적극적으로 개입했다. 예수는 눈먼 이와 단둘이 있고자 마을 밖으로 데리고 나갔다. 치유에는 신뢰라는 안전한 공간이 필요하다. 우울증에 걸린 사람은 치료사나 성직자에게 자신을 안심하고 드러낼 수 있는 신뢰를 느껴야 한다. 자신의 존재가 평가받는 것이 아니라 있는 그대로 받아들여지는 체험을 해야 한다. 이때 구경꾼은 방해가 될 뿐이다. 눈먼 이는 고요한 공간에 머물며 자신의 예민한 영혼에 귀 기울여야 했다.

우울증에 걸린 사람은 이미 온갖 치료를 시도한 경우가 많다. 이런저런 의사와 치료사를 찾아 전전했지만 결과는 참담했다. 분명 눈먼 이도 예수가 자신을 도울 수 있을지 의심했을 것이다. 예수는 의심하고 비관할 여지를 주지 않았다. 곧바로 처치하여 그의 두 눈에 침을 발랐다. 이는 아이가 다쳤을 때 엄마가 본능적으로 하는 행동과 같다. 엄마는 상처에 침을 발라 아이가 아파하지 않게 한다. 이것은 친밀한 애정 표현으로 아이에게 아픔을 잊고 도움과 관심의 손길을 느끼게 한다. 예수는 눈먼 이를 깊은 사랑으로 대했다. 명령을 내리기보다 엄마의 사랑을 베풀었다. 두 손으로 눈먼 이의 눈을 따뜻이 하고 모든 것을 치유하는 하느님의 사랑을 불어넣었다. 예수가 무엇이 보이는지 묻자, "그는 앞을 쳐다보며, '사람들이 보입니다. 그런데 걸어다니는 나무처럼 보입니다' 하고 대답하였다"(마르 8,24). 그의 눈은 우울증에 걸린 사람의 눈과 같다. 사람들이 보이기는 하지만 움직이는 나무로 보일 뿐이었다. 눈먼 이는 사람들의 얼굴을 알아보지도, 눈을 들여다보지도 못했다. 모든 것이 그림자처럼 희미할 뿐이었다. 그는 사람들과 진정한 관계를 맺을 수 없었다. 만남이 불가능했던 것이다. 그렇지만 여기서 치유의 첫걸음이 시작되었다. 눈먼 이가 앞을 쳐다본 것이다. 그는 우울증에 걸린 사람들처럼 땅만 내려다보지 않았다. 용기 내어 앞을 보았다. 고개 들어 앞을 쳐다보았다.

예수는 눈먼 이의 두 눈에 다시금 손을 얹었다. 제대로 보지 못한다고 비난하기보다 거듭 관심을 기울여서 온정을 베풀었다. 인내심 있게 눈먼 이를 대했다. 우울증에 걸린 환자가 자꾸만 모든 것을 부정적으로 볼 때 치료사는 조급해지기 마련이다. 환자는 치료사가 적게 말하면 무관심하다고 여기고, 적극적으로 대하면 자신을 신뢰하지 않는다고 생각한다. 하지만 예수는 눈먼 이의 반응에 좌우되지 않았다. 예수의 행동에는 흔들림이 없었다. 내적 직관대로 행동했다. 예수는 눈먼 이의 두 눈에 손을 얹었다. 눈먼 이는 아무것도 볼 수 없었지만, 이것은 내면을 들여다보게 하는 자극이 되었다. "그가 똑똑히 보게 되었다 *(dieblepsen)*. 그는 시력이 회복되어 모든 것을 뚜렷이 보게 된 것이다*(eneblepen)*"(마르 8,25). 이 구절을 그리스어로 읽으면 '본다'는 것을 세 가지로 구분해 놓았다. 눈먼 이는 처음에는 앞을 쳐다보고*(anablepsas)*, 다음에는 똑똑히 보고 *(dieblepsen)*, 마지막에는 들여다보았다*(eneblepen)*. 이것은 치유 과정을 잘 드러낸다. 우울증에 걸린 사람은 우울을 극복하기 위해 우선 먼저 눈을 들어야 한다. 그래야 희미하게나마 보게 된다. 아직 다른 사람과 만나지는 못하지만, 그 존재는 인식한다. 둘째 단계는 똑똑히 보는 것이다. 예수는 눈먼 이의 두 눈에 손을 얹음으로써 내면 가장 깊은 곳을 보게 했다. 무질서한 내면을 지나 우리 마음 밑바닥에 있는 맑은 내면을 바라보게 했다. 마음 밑바닥을 바라보지 않으면 자기 내면의 어둠과 슬픔, 두려움과 우울을 들여다볼 수 없다. '들여다본다'는 것은 그리스어로 '한결같이 빛난다', '해처럼 맑다'는 의미다. 눈먼 이의 두 눈이 해처럼 맑게 되었다. 햇빛 속에서 자신과 다른 사람의 마음을 들여다보고, 자신을 움직이는 것이 무엇인지 깨닫게 된 것이다.

'앞을 쳐다보기', '똑똑히 보기', '들여다보기'는 우울증 치유의 세 단계다. 치유는 눈을 드는 것에서 시작된다. 결국 '앞을 쳐다본다'는 것은 시편에서 이르는 것처럼 나를 도우시는 하느님을 향해 고개를 들어 바라본다는 의미다. "산들을 향하여 내 눈을 드네. 내 도움은 어디서 오리오?" (시편 121,1). 하느님을 믿으며 고개 들어 그분을 바라볼 때 내 마음에 가로놓인 지옥을 지나서 영혼의 밑바닥을 들여다보는 능력이 생긴다. 우리는 내면을 깊숙이 들여다보며 진정한 나와 만난다. 내면 가장 깊은 곳에 있는 침묵의 공간, 그 거룩한 공간에서 나는 온전하고 완전하다. 우리는 우울증에 전염되지 않은 내면의 본질을 알고 있기에 용기 내어 내 안에 있는 것을 두루 살펴보고 깊이 들여다본다. 두려움과 절망과 어둠 같은 부정적인 측면 앞에 눈감지 않는다. 나를 들여다보며 존재의 심연을 인식한다. 그 심연에 하느님의 햇살이 들어오게 한다. 이때 나 자신에 대한 두려움과 나에게 존재하는 내면의 암흑에 대한 두려움이 사라진다.

우울증에 걸린 사람에게 "눈을 뜨십시오! 똑똑히 보십시오!"라는 식으로 가벼이 말해서는 안 된다. 하지만 그렇더라도 다르게 보는 법을 배움으로써 우울증은 변화될 수 있다. 나는 우울증에 시달리는 사람을 조심스레 이끌어 넓게 보는 법을 배우게 한다. 그들은 자신의 시각이 현실에 일치하는지 스스로 물어야 한다. 그들은 이 세상을 다른 눈으로 볼 수 있다. 자신이 처한 상황을 달리 볼 수 있다. 바로 이때 예수가 눈먼 이에게 가르친 세 단계가 치유에 도움이 된다.

첫째는 앞을 쳐다보는 것이다. 시야를 넓히기 위해서는, 어둠 속에서 나를 둘러싼 빛을 보기 위해서는 우울증에 시달리는 내가 고개를 들어야 한다. 우울증에 걸린 사람은 그 무엇에도 아름다움을 찾지 못하고 기쁨을 느끼지 못한다. 기쁨을 느끼라고 강요할 수는 없다. 하지만 고통에서 벗어나 더 높은 곳을 바라보는 것은 연습할 수 있다. 자신에게 몰두하는 태도에서 벗어나는 첫 단계는 하늘을 쳐다보는 것이다. 물론 우울증에 걸린 사람은 자신의 힘으로 고개를 들지 못한다. 그들에게는 '눈먼 눈'에 손을 얹어 줄 조력자가 필요하다. 그들이 용기 내어 앞을 쳐다볼 수 있도록 보호의 손길로 어루만져 줄 치료사나 성직자가 필요한 것이다. 때로는 약물치료가 이런 보호의 손길이 될 수 있다.

둘째는 똑똑히 보는 것이다. 어둠을 뚫고 들어가 마음 밑바닥을 보아야 한다. 영혼의 가장 깊은 곳을 들여다보아야 한다. 흔히 우리는 앞을 쳐다봐야 똑똑히 볼 수 있다고 말한다. 내가 한 모임에서 눈먼 이에 대한 성경 구절을 말했을 때, 우울증에 시달리던 한 여성이 도무지 자신의 내면을 들여다볼 수 없다고 고백했다. 그녀는 온통 암울하고 혼란스럽기만 했다. 자신의 이런 처지를 눈 뜨고 보고 싶지 않았다. 도저히 견딜 수 없을 것 같았다. 나는 그녀를 충분히 이해할 수 있었다. 예수는 눈먼 이에게 혼돈이 아니라 곧장 마음 밑바닥을 들여다보라고 했다. 어둠과 두려움, 혐오, 위협, 절망을 뚫고 들어가 밑바닥을 보라고 했다. 그곳에는 사랑과 빛과 온기가 있다. 모든 이에게 머무르시는 하느님이 그곳에 자리하신다. 초기 수도승과 교부들은 이것을 '관상'觀想이라고 불렀다. 우리는 관상을 통해 통찰한다. 무언가 정해진 것을 보는 것은 아니지만, 마음 밑바닥을 보면 일순간 모든 것이 명백해진다. 머리로는 여전히 분명하지 않다. 아직은 혼란스럽다. 그렇지만 마음 저 깊은 곳은 선명하다. 내 감정은 여전히 요동치더라도 그 아래는 고요하고 맑다. 마음 저 깊은 곳에 수용하는 마음이 있다. 관상은 존재하는 것을 증명하는 일이기도 하다. 우울증 때문에 모든 것이 엉망인 것 같아도, 우울증이 나를 쥐고 흔들어도 문제 될 것이 없다. 마음속 깊은 곳에서는 모든 것이 하나 됨을 느끼고 내 삶을 받아들이게 된다. 사막교부이자 심리학자인 폰투스의 에바그리우스Evagrius Ponticus(345/46경~399)는 격정과 감정을 올바르게 다스리는 것뿐 아니라 관상을 통해서도 병이 치유된다고 확신했다. 우리는 관상을 통해 마음 밑바닥을 들여다보고, 온전하고 건강한 본질과 상처받지 않은 진정한 자기를 발견한다. 우울증과 올바른 관계를 맺는 일은 치유에서 결정적 역할을 한다. 그렇지만 에바그리우스는 영적 방법을 통해 속 깊은 치유가 일어난다고 보았다. 영적 방법의 목표는 관상이고, 관상은 침묵의 공간에 머무르는 것이다. 즉 내 영혼의 참된 치유자인 하느님이 계신 곳에서 편히 쉬는 것이다.

셋째는 들여다보는 것이다. 어둠을 관통해 밝은 밑바닥을 본 우리는 이제 용기 내어 나를 들여다볼 수 있다. 내 내면에 있는 절망과 무망無望, 어둠, 죄의식, 자책감, 공격성, 분노, 고통, 증오를 살피는 것이다. 건강한 본질을 본 우리는 내 안에 있는 상처받고 병든 부분도 바로 볼 수 있다. 다만 눈먼 이의 이야기가 전하는 것처럼 햇빛 속에서 바라보아야 한다. 그래야 마음속에서 두려움과 어둠만이 아니라 신뢰와 광채, 사랑과 희망도 보게 될 것이다. 그리고 무엇보다 깊은 갈망을 보게 될 것이다. 이것은 치유와 사랑, 빛, 하느님을 향한 갈망이다. 이 갈망에는 이미 치유, 사랑, 보호, 자유, 내 안의 하느님에 대한 자취가 있다. 우리는 갈망을 느낌으로써 절망 가운데서도 하느님의 사랑과 희망에 참여하게 된다.

예수는 눈먼 이에게 '다르게 보는 법' 세 단계를 가르치고 나서 그를 집으로 돌려보내며, 마을로는 들어가지 말라고 일렀다. 치유되었더라도 우울증에 걸린 사람에게는 집이라는 안전한 공간이 필요하다. 그들은 그곳에서 제집에 있음을 안도하며 온전히 자신에게 머무른다. 눈먼 이는 마을을 피해야 한다. 그는 많은 사람을 감당할 수가 없다. 우울증에 걸린 사람은 흔히 사람들과 어울려야 한다는 강박에 시달린다고 한다. 때로는 이런 강박이 도움이 될 수 있다. 하지만 자신에게 더 많은 여유가 필요하다는 것과 침묵이 치유에 도움이 된다는 것도 인정해야 한다. 반드시 외향적이거나 사교적인 사람일 필요는 없다. 사람들을 즐겁게 해야 한다고 부담을 느끼거나, 끊임없이 사람들과 교제를 나눌 필요도 없다. 우울증에 걸린 한 여성에게 눈먼 이 이야기를 묵상거리로 준 적이 있다. 그녀는 마을로는 들어가지 말라는 예수의 말씀 덕분에 항상 사람들과 어울려야 한다는 강박에서 자유로워졌다고 했다. 그녀는 어떤 방향으로 치유에 접근해야 할지 알게 되었다. 우울증과 화해하기 위해서 그녀는 다른 사람보다 더 많이 침묵해야 했다. 우울증 덕분에 그녀는 자신에게 온전히 머물러야 한다는 것과, 자신에게 머물 때나 하느님 곁에 머물 때 제집에 온 것처럼 편안히 느낄 수 있다는 것을 잊지 않게 되었다. 그녀는 이러한 사실을 받아들임으로써 우울증을 침묵으로 가는 마음의 이정표로 삼게 되었다.

4 돌아가라, 절망의 땅으로

우울증은 비애와 다르다. 우울증은 거부된 비애(Trauer)다. 비애를 인정하지 않고 억누르는 사람이 내적으로 우울증에 걸린다. 그런데 가끔은 우울증이 전적으로 치유적 역할을 하기도 한다. 비애를 감당할 수 없을 때 사람들은 우울증에 걸린다. 우울증은 비애에 완전히 빠져드는 것을 막는 일종의 쇼크 상태인 셈이다. 이 상태의 특징은 "감정과 열정이 없고, 자연과 사람에 대한 공감이 결여되는 것이다"(Hell 162). 이런 경우 우리 영혼이 비애에 맞설 수 있을 때까지 필요한 '작전타임'이 바로 우울증이다. 그런데 이런 우울증에 고착되어 내적으로 경직된 사람이 많다. 우울증에 보호받는다는 것은 우울증에 갇힌다는 것을 뜻하기도 한다. "우울증에 보호받으면 그 대가로 갑옷을 입은 것처럼 움직임이 둔해진다. 어떻게 할 도리가 없을 때는 이런 대가를 치를 수밖에 없다"(같은 책 174). 이럴 때일수록 애정과 신뢰가 바탕이 된 치유적·사목적 관계가 필요하다. 이런 관계는 사랑하는 이를 잃고 우울증에 걸린 사람이 비애와 고통을 털어놓을 수 있도록 힘을 준다.

비애를 회피하는 우울증은 루카 복음에 나오는 엠마오로 가는 두 제자 이야기의 주제이기도 하다. 두 제자는 메시아에 대한 기대가 무너지자 절망했다. 모든 희망을 걸었던 분이 십자가에 못 박히자 비애를 견디지 못해 달아났다. 그래도 그동안 일어난 일에 대하여 계속 이야기를 나누었다. 길을 걷는 두 제자에게 예수가 다가갔지만, 그들은 알아보지 못했다. 예수가 함께 걸으면서 그들 스스로를 되돌아보게 하려고 서로 무슨 말을 주고받았는지 묻자(*antiballein*), "그들은 침통한 표정을 한 채 멈추어 섰다"(루카 24,17). 그리스어로는 이렇다. "그들은 침울한 눈빛과 슬픈 얼굴로 멈추어 섰다." 우울증이 몸으로 드러난 것이다. 그들의 모습은 온통 우울해 보였다. 길을 걷고 있었지만 비애를 회피해 도망가고 있었다. 그러니 겉으로는 움직이고 있어도 속으로는 굳어 있었다. 불안에 사로잡혀 경직되어 있던 두 제자는 '활동성 우울증'의 전형적인 사례라고 할 수 있다.

예수는 우울증에 걸린 두 제자에게 그들이 체험한 상실을 털어놓게 하고는 그것을 성경 말씀과 연결 지었다. 예수는 두 제자의 체험을 달리 풀이했다. 두 제자는 모든 것을 상실과 절망으로 받아들였지만, 예수는 성경 전체에 담긴 의미를 전하고자 했다. 인지치료사처럼 행동한 것이다. 인지치료사는 환자가 현실을 바르게 해석하도록 그들의 인지왜곡유형을 살피며 질문을 던진다. 우리의 기분은 사건을 어떻게 해석하는지에 따라 달라지는데, 그러한 해석은 과거의 경험에서 비롯된 특정한 관점과 가정에 달려 있다(Beck 33 참조). 먼저 예수는 두 제자에게 그들이 받아들인 현실을 이야기하게 했다. 그리고 나서 그것을 달리 해석할 수 있음을 성경의 관점에서 보여 주었다. 그들이 그렇게 슬퍼한다고 나무라지 않았다. 예수의 말씀은 가르치려 들기보다 감동을 주었다. 치유 효과는 뚜렷했다. 예수는 이성만이 아니라 마음도 사로잡았다. 길에서 만난 그분이 바라보는 현실이 자신들이 가슴 깊이 동경하는 바와 같음을 두 제자는 마음으로 느꼈다. "길에서 우리에게 말씀하실 때나 성경을 풀이해 주실 때 속에서 우리 마음이 타오르지 않았던가!"(루카 24,32). 예수의 말씀은 사랑이다. 그 말씀은 마음을 온화하게 한다. 마음을 열게 한다. 가슴에 희망의 불꽃을 일으켜 새로운 에너지가 타오르게 한다. 우울증에 걸린 사람은 길을 함께할 동반자가 필요하다. 동반자는 그들이 느끼는 슬픔을 외면하거나 그들을 비난하기보다 그들을 진심으로 받아들인다. 세상에는 좋은 일도 있으니 기운 좀 내라고 말하는 것은 상처가 될 뿐이다. 연민도 나쁘기는 마찬가지다. 동정하고 연민하기만 한다면 그들은 우울증에 빠져 꼼짝하지 않을 것이다. 예수는 두 제자가 겪은 일을 진지하게 받아들이되 성경의 빛으로 받아들였다. 그들의 체험을 예언자들의 체험과 연결했다. 두 제자는 점차 다른 관점에서 바라보게 되었고, 결국은 그들이 체험한 상실에서 새로운 의미를 발견하게 되었다.

두 제자는 예수를 상실한 체험을 통해 그들 스스로가 만들어 낸 환상, 즉 모든 희망을 한 사람에게 걸 수 있다는 환상과 상상하는 대로 모든 일이 이루어지리라는 환상에서 깨어났다. 그러는 동시에 새로운 차원, 하느님 영광의 차원으로 들어갔다. 상실은 마음을 어둡게 하지만, 우리는 그 어둠 한가운데서 우리 본모습을 알고, 하느님이 우리 마음 저 깊은 곳에서 당신의 광채를 발하시며 머무르신다는 사실을 깨닫는다. 그분의 광채는 우리 삶을 빛나게 한다.

예수가 행한 치유는 그다음 이야기에서 더욱 분명해진다. 예수의 말씀에 깊이 감동한 두 제자가 청했다. "저희와 함께 묵으십시오. 저녁때가 되어 가고 날도 이미 저물었습니다"(루카 24,29). 어둠이 깔리는 저녁은 우울증을 상징한다. 두 제자는 어두운 밤을 두려워했다. 영혼에 밤이 찾아오면 스스로를 견뎌 내기가 어렵기 마련이다. 그래서 그들은 예수에게 곁에 머물러 달라고 청한 것이다. 우울증에 걸린 사람은 자신과 함께 밤을 보낼 사람, 자기 마음에 있는 어둠을 두려워하지 않는 사람이 필요하다. 두 제자에게는 예수가 바로 그런 사람이었다. "그래서 예수님께서는 그들과 함께 묵으시려고 그 집에 들어가셨다"(루카 24,29). 예수가 그들과 함께하고자 들어갔던 곳은 집만이 아니다. 그들의 마음에도 들어갔다. 예수는 그들의 마음 가장 깊은 곳에서 함께 머물렀고, 두 제자가 견디지 못하는 곳에서 그들과 함께 견뎠다. 두 제자는 예수가 곁에 있기에 온전히 자신에게 머물며 우울증을 견딜 수 있었다. 우울증에 걸린 사람의 배우자는 어찌할 바 모르고 두려움에 빠지는 경우가 많다. 그들은 곧 좋아질 것이라며 빈말로 상대방을 달래거나, 여러 의사를 찾아다니며 손쉬운 해결책을 찾는다. 주사 한 방이면 모든 것이 해결되리라 여기는 것이다. 하지만 우울증에 걸린 사람에게 정작 필요한 것은 그들 곁에 머물며 두려움과 우울에서 비롯된 내적 혼란을 함께 버텨 줄 사람이다.

집으로 들어간 예수는 예식을 통해 치유를 계속했다. 예수는 빵을 들어 찬미하고 두 제자에게 떼어 나누어 주었다. 빵을 나누는 행위는 당신의 죽음과, 마지막까지 당신의 사랑을 증거한 최후의 만찬을 암시한다. 이것은 예수의 죽음과 부활을 의미하기도 하지만, 우울증의 본모습을 보여 주기도 한다. 두 제자의 내면은 절망과 상실로 부서졌다. 삶이 파괴된 기분이었을 것이다. 예수는 빵을 떼어 나누는 예식으로 부서짐의 의미를 전했다. 또 다른 모습의 현실과 부활의 신비, 그들 안에 새로운 생명이 일어나리라는 신비를 위해 두 제자는 부서지는 것이다. 예수는 빵을 떼어 나누는 행위를 축복과 연결 지었다. 예수는 두 제자가 부서지고 조각난 사람으로서 하느님에게 축복 받고 있다는 것을 전했다. 그리스어로 '축복'(eulogesen)은 예수가 하느님과 인간에 대해서 좋게 이야기한다는 의미다. 예수는 우울증 때문에 무너지고 낙심한 두 제자에게 좋은 말을 하며 빵을 떼어 주었고, 그것을 먹은 그들 안에서 부서지고 조각난 것들이 모두 하나가 되었다. 식사는 조각난 것을 하나로 만든다. 우울증은 하느님의 축복 아래서 통합되어 변화한다. 우리는 부서짐을 체험하며 나 자신과 이웃과 하느님이 하나 되는 내적 일치를 느낀다.

빵을 떼어 나누는 소박한 예식을 통해 두 제자는 우울증이 치유되었다. 그들의 행동을 보면 알 수 있다. 그들이 갑자기 눈뜬 것이다. 처음에 두 제자는 눈이 먼 듯 예수를 알아보지 못했다. 예수는 이런 그들에게 성경의 의미를 일깨우고 빵을 나누어 주었다. 그러자 눈이 열렸다. 부활한 예수를 알아보고 삶의 의미와 우울증의 의미를 깨달았다. "길에서 우리에게 말씀하실 때나 성경을 풀이해 주실 때 속에서 우리 마음이 타오르지 않았던가!"(루카 24,32). 두 제자는 불타는 마음으로 눈을 떴다. 감성을 되찾았다. 딱딱하게 굳은 내면이 풀린 것이다. 눈앞을 가린 장막이 사라지고 맑은 눈이 열렸다. 갑자기 모든 것을 환히 보게 되었다. 그들 마음 안에 머무르시며 삶의 의미를 밝혀 주시는 그리스도를 세상 모든 것에서 발견하게 되었다. 두 제자는 자리에서 일어나 절망의 땅 예루살렘으로 돌아갔다. 그들은 자신이 지닌 내면의 힘과 접촉했다. 더는 달아나지 않고 절망의 땅으로 되돌아갔다. 엠마오로 가는 길에서 치유를 체험했기에 이제는 달리 말할 수 있다.

　예수가 두 제자를 치유하는 모습은 치료사나 성직자가 우울증에 걸린 사람을 대할 때 모범이 된다. 다른 한편으로는 우울증에 걸린 사람이 스스로를 어떻게 다스려야 하는지 보여 준다. 우울증에서 벗어나려면 조력자가 필요하다. 우울증에 걸린 사람은 시각을 변화시키기 위해 자신에 대해 다른 사람과 대화를 나누어야 한다. 하지만 스스로 치유의 발걸음을 내디딜 수도 있다. 그 첫 단계는 삶을 새로운 눈으로 보는 것이다. 우울증의 중요한 특징은 세상 모든 것을 왜곡해서 보는 것이다. 모든 일에 책임을 느끼는 사람이 있다. 그들은 이 세상의 고통을 견딜 수 없어서 텔레비전을 켜지 못한다. 제3세계 어린이가 굶주리는 것도, 배우자가 병을 앓는 것도 모두 제 탓이라 여긴다. 저주받은 인생이라서 되는 일이 하나도 없다고 느끼는 사람도 많다. 그들은 아무리 노력해 봤자 안 된다고 말한다. 아무리 기도해 봤자 소용없다고 한다. 성당에 나가도 하느님이 자신의 말에 귀 기울이지 않는다고 하소연한다. 이렇게 그들은 삶을 온통 부정적으로 본다. 빠져나갈 구멍을 찾지 못하고 있는 것이다. 예수가 우리에게 가르친 치유의 첫걸음은 성경을 통해 인식을 바꾸는 것이다. 우울증에 걸린 사람은 성경을 읽고 그 말씀을 마음에 새김으로써 인식을 전환할 수 있다. 처음에는 성경 말씀이 공허하게 느껴지고 마음에 와 닿지 않을 것이다. 하지만 포기하지 않고 계속해서 맛 들이면, 단단히 굳고 얼어붙은 마음이 풀리면서 온기로 가득 차게 된다. 그리고 자신의 삶을 다른 시각으로 보게 된다. 물론 우울증에 걸린 사람은 대부분 색안경을 끼고 성경을 읽는다. 부정적 시각에서 성경을 읽으며, 자신이 계명을 어겨서 하느님이 벌하셨다는 생각과 지금 이 지경에 이른 것이 제 탓이라는 생각을 재확인할 뿐이다. 우울증에 걸린 사람에게는 성경의 참된 의미를 일깨워 줄 동반자, 예수 같은 동반자가 필요하다. 그렇지 않으면 성경을 읽어도 자책감과 염세적 세계관이 강화될 뿐이다.

엠마오의 이야기에 담긴 치유의 둘째 단계는 자신에게 온전히 머무르는 것이다. 우울증에 걸린 사람은 사방이 어두워지는 밤이 되면 제집으로, 제 마음의 집으로 가야 한다. 온전히 자신에게 머무르는 것이다. 자신을 떠나서는 안 된다. 그리스도에게 제집에서 함께 머물러 달라고 청해야 한다. 나를 조건 없이 수용하고, 힘이 다했을 때 강하게 하고, 나락으로 떨어지려고 할 때 버팀목이 되고, 나 자신을 저주할 때 축복하고, 파괴적인 말로 스스로를 비하할 때 좋은 말을 해 주는 그리스도가 곁에 있음을 알게 되면 제집에 머물며 스스로 버텨 낼 수 있다. 우울증에 걸린 사람에게는 그를 비난하지 않고 곁에 머물러 줄 이해심 깊은 사람이 필요하다. 엄마처럼 굴거나 가르치려 드는 배우자보다는 그저 곁에서 버텨 주는 배우자가 있어야 한다. 배우자나 애인이 곁에서 버텨 줄지 말지는 우울증에 걸린 사람의 태도에 달려 있다. 우울증을 사라지게 만들거나 모든 의문에 답해 주기를 바란다면 상대방은 금세 지쳐 버릴 것이다. 한탄만 늘어놓는다면 결국 떠나 버릴 것이다. 두 제자는 예수에게 그저 함께 머물러 달라고 청했다. 예수의 존재만으로 그들은 충분했다.

치유의 셋째 단계는 빵을 떼어 나누는 모습에서 분명히 드러난다. 빵을 떼는 행위, 즉 빵을 부수는 행위는 우울증에 걸린 사람이 자신이 지금까지 의지해 온 인식과 규범을 부숴야 한다는 비유로 이해할 수 있다. 우울증의 주된 원인은 현실과 동떨어진 인식이다. 예컨대 언제나 즐거워야 한다는 환상이나 언제나 인생을 내 뜻대로 살아야 한다는 환상이 있다. 또는 기도만 하면 하느님이 우울증을 그냥 사라지게 하시리라는 환상이나 우울증이 다시는 재발하지 않게끔 치료사가 완치해 주리라는 환상도 있다. 주어진 모든 일을 성취해야 한다는 환상, 동료들처럼 유능해야 한다는 환상, 모든 일을 실수 없이 해내며 아들딸에게도 좋은 엄마여야 한다는 환상도 마찬가지다. 모두 부숴 버려야 한다. 처음에는 아프겠지만 이것은 삶의 새로운 인식을 위한 부서짐, 결국에는 하느님을 위한 부서짐이다. 성공과 건강과 행복을 지향하는 자아(ego)가 하느님의 신비와 삶의 신비를 위해 부서진다. 그 삶이 우리가 바라는 만큼 평탄히 굴러가지는 않는다. 우울증의 마지막 의미는 하느님을 위해 부서지는 것이다. 라인홀트 슈나이더가 이러한 의미로 우울증을 받아들였다. 슈나이더는 우울증으로 고통을 받는 만큼 예수 그리스도의 신비를 위해 부서진다고 생각했다. 하지만 이렇게 굳건한 믿음에도, 우울증을 통해 자신을 하느님에게 드러내기 위해서는 다른 사람의 사랑과 보살핌이 필요했다. 환상이 깨지면 자신을 두른 갑옷도 깨진다. 진정한 '자기'를 위해, 하느님이 만드신 내 본모습을 위해 깨지는 것이다.

예수가 엠마오로 가는 두 제자에게 사용한 치유 방법은 인지행동치료(kognitive Verhaltenstherapie)에서 우울증 환자를 대하는 방식과 닮았다. 인지행동치료는 "우울증 환자의 부정적 세계관과 그에 수반된 현실에 대한 체계적 왜곡"(Hell 212)을 다룬다. 인지행동치료는 우울증 환자의 생각을 무시하기보다 그것을 주제 삼아 조심스레 긍정적 세계관으로 이끈다. 인지행동치료의 창시자 아론 벡Aaron T. Beck은 우울증에 걸린 사람의 부정적 사고방식에 주목한다. 내용은 크게 세 가지로, 자신·세상·미래에 대한 부정적 생각이다. "우울증 환자는 자신을 부적절하고 무능력한 존재로 본다. 자신의 경험을 부정적 방식으로 처리하고, 현재의 어려움이 앞으로도 계속되리라 믿는다"(Steinhilper 89에서 재인용). 벡은 가벼운 우울증에 걸린 사람의 경우 치료사와 상담하면 부정적 사고방식을 빨리 인식한다고 보았다. "우울증이 심해지면 실제 상황과 부정적 해석 간에 아무런 관계가 없어도 점차 부정적 사고의 지배를 받게 된다"(Beck 44). 우울증을 유발하는 사고방식을 깨닫고 바꿀 때까지는 오랜 시간이 필요하다.

치료의 첫 단계는 부정적 사고를 찾아내 긍정적 사고로 대체하는 것이다. 생각이 변하면 행동도 변한다. 물론 치료사가 환자의 사고방식이 옳지 않다고 지적하는 것은 도움이 되지 않는다. 환자가 자신의 상황을 다른 시각에서 해석해 보도록 권하는 것이 중요하다. 예수도 치료자로서 그렇게 행동했다. 두 제자를 반대하지도 않았고 부정적 사고를 비난하지도 않았다. 오히려 그들이 처한 상황을 성경의 시각에서 살펴보고 이해하게 했다. 그 무엇도 미화하지 않고 오직 하느님의 눈으로 바라보게 했다. 하느님의 눈으로 보면 모든 것이 다른 빛깔을 띤다. 이것을 마음에 새기면서 삶을 성찰하면 내 기본 정서가 변화하고 긍정적 기분이 내면에 가득해진다. 중증 우울증에 걸린 경우도 마찬가지다. 다른 시각에서 바라본다고 우울증이 그리 쉽게 사라지는 것은 아니겠지만, 우울증을 하느님이 주시는 어둠으로 받아들인다면 우울증과 다른 식으로 관계를 맺을 수 있다. 우울증이 자신을 단죄하는 구실이 아니라 빛으로 가는 통로가 되는 것이다.

우울증이 깊다면 인지행동치료가 아닌 다른 치유법이 필요하다. 엠마오로 가는 두 제자의 이야기를 계속해서 보면 또 다른 치유법을 암시하는 말씀이 나온다. 엠마오로 가는 길에서 겪은 일을 나누는 제자들 앞에 부활한 예수가 나타났다. 제자들이 깜짝 놀라며 두려워하자 예수가 말했다. "내 손과 내 발을 보아라. 바로 나다"(루카 24,39). 그리스어로는 이렇다. "내가 바로 그다"(*Ego eimi autos*). 루카 복음에 영향을 미친 스토아철학에서 '아우토스'*autos*는 인간의 본질, 내면의 성전, 하느님이 머무르시는 내면의 자리를 뜻한다. 우리는 그곳에서 참된 자기와 왜곡되지 않은 하느님의 본모습을 만난다. 예수는 부활을 통해 '아우토스'가 되었다. 나는 간혹 우울증에 걸린 사람에게 일

주일 동안 모든 일에 "나는 나 자신이다"라고 속으로 말해 보는 과제를 내준다. 단순하게 보일지 모르겠지만, 계속 연습하다 보면 우울한 기분을 객관적으로 바라보게 된다. 우울한 기분을 부정하지 않고도 그 아래에 또 다른 무엇이 있음을 알게 되는 것이다. 우울증에 지배되더라도 나는 나일 뿐, 내가 곧 우울증은 아니다. 내 안에는 죽음의 어둠을 가로질러 부활한 내면의 본질이 있다. 부활한 예수를 기억하며 나는 나 자신이라는 말을 되뇌면, 체념이라는 무덤에 갇혀 있지 않아도 된다는 확신이 내면에서 자란다. 내게는 어둠과 공허라는 무덤이 사로잡을 수 없는 부활한 본질이 있다. 이 내면의 성전은 우울증도 침범하지 못한다. 우울증은 '아우토스'에 발을 들이지 못한다. 이곳에서 나는 흠 없이 온전하다. 이런 사실이 우울증을 부정하지 않고 객관적으로 바라보게 한다.

5 사랑하라, 사랑받게 될 것이다

우울증의 뿌리는 자신에게 만족하지 못하는 감정에 있다. 우울증에 걸린 사람은 자신을 남보다 못한 존재라고 생각한다. 남들은 똑똑하고 말도 잘하고 잘난 것 같은데 나는 항상 굼뜨다. 내가 내 인생을 주도하지 못한다. 무슨 일을 하든지 남보다 부족하다. 우울증에 걸린 사람은 자신을 비하하고, 남보다 못하다고 여기며, 남에게 무시당한다고 느낀다. 남들에 비해 좋은 평가를 받지 못한다고 생각한다. 남들은 유능한데 나는 무능하다. 아주 작은 일에도 금세 지친다. 우울증에 시달리는 사람은, 무엇 하나 제대로 하는 일이 없고 '게으르기만 한' 자신을 탓하는 경우가 많다. 속으로는 자신을 경멸하지만, 겉으로는 무슨 일이든 해낼 수 있는 척한다. 그저 잠시 지쳤을 뿐이라고 남에게도 둘러대고 자신에게도 둘러댄다. 우울증에 걸렸다는 사실을 인정하기란 쉽지 않다. 그렇지만 인정해야 치유할 수 있다.

사울은 우울증에 걸린 사람을 상징한다. 사울이란 이름은 '갈망'을 의미한다(Weinreb 15). 성경은 사울을 매우 겸손한 사람으로 그린다. 하지만 이런 겸손에는 부정적인 면도 있다. 자신감이 없던 사울은 자신이 어떤 존재인지 끊임없이 되묻는다. 사울은 하느님이 그와 함께하신다는 것과 그를 임금으로 세워 이스라엘 백성을 위해 중요한 일을 하게 하셨다는 것을 믿지 않았다. 사울이 순종하지 않자 하느님은 그를 내치셨다. "주님의 영이 사울을 떠나고, 주님께서 보내신 악령이 그를 괴롭혔다"(1사무 16,14). 여기서 악령은 우울증으로 이해할 수 있다. 하느님이 직접 악령을 보내셨다. 우리 머리로는 이해하기 힘든 일이다. 성경은 사울이 우울증 덕분에 재앙을 면했음을 보여주려는 듯하다. 우울증이 아니었다면 사울은 이스라엘을 파멸시켰을 것이다. 우울증이 사울을 마비시켰다. 그래서 사울은 선을 넘지 않게 되었지만, 우울증이라는 악령이 그를 괴롭히고 짓눌렀다.

신하들이 사울에게 비파를 잘 타는 사람을 찾아야 한다고 청하였다. 신하들은 소년 다윗을 데려왔고 사울은 다윗이 마음에 들었다. 사울이 우울증에 시달릴 때마다 다윗은 비파를 탔고 사울은 편안해졌다. 성경은 음악이 우울증 치유에 효과가 있음을 보여 준다. 1세기 교부들은 시편을 노래하면 슬픔이 사라지고 기쁨이 넘친다고 믿었다. 지금도 음악은 우울증 치유에 중요한 역할을 한다. 좋은 음악은 우리의 마음과 정서에 스며들어서, 슬픔을 정화하고 우울한 기분을 변화시킨다.

소년 다윗이 거인 골리앗과 싸워 승리하면서 사울과 다윗의 관계는 달라졌다. 사울은 다윗의 승리를 기뻐하기는커녕 자신이 무시당한다고 느꼈다. 다윗을 찬양하는 여인들의 노래에 귀 기울이지 않을 수 없었다. "사울은 수천을 치시고 다윗은 수만을 치셨다네!"(1사무 18,7). 사울은 분노했고 다윗을 불신하기 시작했다. 사울은 '인정에 대한 욕구'를 타고났다. 위대한 업적으로 백성들에게 인정을 받고자 했지만 허사였다. 다윗이 사울보다 뛰어났던 것이다. 사울은 자존심에 상처를 입었다. 사울이 우울증에 시달려서 다윗이 여느 때처럼 비파를 탔을 때, 사울은 분노에 눈이 멀어 창을 던졌다. 우울증으로 억압된 공격성을 온몸으로 표출한 것이다.

다윗이란 이름은 '사랑받는 사람'이라는 뜻이다(Weinreb 26). 사울은 백성에게 사랑받기 위해서 업적을 내야 했지만, 다윗은 업적을 이루기도 전에 사랑받았다. 다윗은 사랑받을 만한 존재였다. 자신이 하느님에게 사랑받고 있음을 알았기 때문이다. 다윗에게 사랑은 삶의 근거다. 다윗은 사울의 그림자다. 칼 융C.G. Jung은 '그림자'를 나에게서 아직 발현되지 않은 내적 영역이라고 했다. 사울은 늘 사랑을 갈망했지만, 자신에게 있는 사랑받을 만한 부분을 억압했다. 위엄을 세우려고만 했다. 그러면 자신도 사랑받을 수 있으리라 생각했다. 자존감이 부족한 사울은 자신이 사랑을 갈망한다는 사실을 인정하지 못하고 찬양받는 왕이 되려고만 했다. 사울은 다윗에게서 발견한 자신의 그림자가 두려워 다윗을 죽이려 했다. 다윗이 자신의 상처 입은 자존감을 계속 위협했던 것이다. 사울은 다윗에게서 언제나 사랑받는 존재를 보았다. 사울도 그처럼 되고 싶었을 것이다. 하지만 아무리 노력해도 안 되자 다윗을 제거해야 했다.

사울은 다윗이 연주하는 비파 소리에 한동안 우울증에서 벗어났지만, 결국에는 이겨 내지 못했다. 사울은 필리스티아인들과 싸우다 부상을 입자 칼을 세워 그 위에 엎어졌다. 패배자로 사는 것을 견딜 수 없어 자진한 것이다. 우리는 이 이야기에서 사랑받는 사람인 다윗을 살펴보며 우울증의 치유법을 깨달을 수 있다. 다윗은 우리 안에 사랑의 원천이 있음을 보여 주었다. 우리가 사랑의 원천에 관심을 기울여 그것을 샘솟게 하면 우울증에 긍정적인 영향을 미친다. 애써 사랑을 구하러 다닐 필요가 없다. 사랑은 우리 안에 있다. 유다인 철학자 프리드리히 바인레프 Friedrich Weinreb는 이렇게 표현했다. "내면 깊은 곳에서 인간은 이미 선하고 사랑받는 존재다. 하지만 어떤 부분은 고통과 억압을 받고 있기 때문에 깊은 애정과 관심이 필요하다"(Weinreb 51). 우리는 내면의 원천에서 나온 사랑으로 우울증에 관심을 기울여야 한다. 우울증과 싸워서는 안 된다. 그러면 우울증이 우리를 끊임없이 따라다닐 것이다. 하지만 우리 안에 있는 사랑을 굳게 믿으면서 우리의 고통받는 부분을 보살핀다면 우울증은 변화할 수 있다. 바인레프는 우울증에 걸린 사람을 "불행"하게 여기는 것을 거부했다. "그들이 자신과 이 세상을 잘못 보고 있다고 가르치는 것"을 반대했다. "그들은 뜻하지 않은 가르침으로 병들었을 뿐이다! 그들은 과도한 지적 처방에 시달린다! 이것이 그들이 처한 현실이다. 그들에게 필요한 것은 어떤 설명이 아니라 사랑, 즉 감춰진 정신적 기반을 자유롭게 하는 것이다"(같은 책 52).

바인레프가 제시한 해결책이 너무 단순하게 보일지도 모르겠지만, 이 말에는 진실이 담겨 있다. 결국 우울증에 걸린 사람의 갈망은, 무리하게 애쓰지 않고, '어떤 대가를 치르지 않고' 사랑받는 것이다. 그들은 내면의 어둠과 경직을 경험하지 않는 것, 우울증이란 악령에 시달리지 않는 것을 동경하기도 하지만, 다른 세상에서 온 사랑을 느끼는 것을 동경하기도 한다. 그 사랑은 대가를 치르지 않는다. 그 사랑은 하느님의 사랑이다. 지금 여기서 흘러넘치는 사랑이다. 바인레프는 사울의 아들 요나탄과 다윗의 우정을 사울의 우울함에 내재한 사랑의 결합이라고 했다. 바인레프는 요나탄을 사울의 일부로 보았다. 사울의 일부는 다윗과, 즉 사랑과 관계를 맺고자 했다. 사울의 우울함에는 사랑이 있다. 하지만 그 사랑을 잃지 않기 위해서는 우정이 필요하다. 그래서 우울증을 애정 어린 마음으로 대하며 우정을 맺는 것이 중요하다. 이때 우울증이 우리를 슬픔과 어둠 아래에서 샘솟는 사랑의 원천으로 이끌어, 우리를 근본적으로 새롭게 한다.

바인레프가 제시한, 우울증 치유법으로서의 사울과 다윗과 요나탄의 해석은 우울증에 걸린 사람이 마음속 깊이 사랑을 갈망한다는 심리학 연구와 일치한다. 흔히 그들은 어린 시절에 애정 결핍을 경험했고 부모에게 사랑받고자 순응했다. 하지만 충분히 사랑받지 못했다. 그들은 성인이 되어서도 다른 사람에 대한 갈망으로 지쳐 있다. 그들은 사랑을 얻기 위해 모든 것을 내준다. 사랑받는다고 느끼지 못하면서 애써 베풀기만 한다면, 몸과 마음은 갈수록 공허해지고 지쳐 갈 뿐이다. 사울은 노력한다고 했지만 백성들에게 다윗처럼 사랑받지는 못했다. 사울은 우울증에 걸린 사람과 같은 처지다. 그들은 모든 것을 내주고도, 이미 모든 것을 가진 사람보다 못하게 돌려받는다. 그래서 하느님이 당신을 사랑하신다는 말을 들어도 마음에 닿지 않는다. 그들은 다윗을 충분히 묵상해야 한다. 그래야 나라는 사람도 다윗처럼 사랑받을 만한 존재이자, 조건 없이 사랑받는 하느님의 자녀라는 사실을 믿게 된다.

우울증에 걸린 사람의 고통은 마음속으로 끝없이 사랑을 갈망하지만, 그 갈망이 결코 채워지지 않는다는 것이다. 사랑에 대한 갈망이 클수록 결핍의 고통도 크다. 한 남자의 사랑에 목말라하는 여자가 있었다. 그녀는 이미 두 번이나 남자에게 쓰라린 상처를 경험했다. 남자가 여자를 이용하고는 버린 것이다. 그럼에도 그녀는 사랑에 대한 갈망을 떨칠 수가 없었다. 하지만 그녀가 우울해하면 할수록 남자에게 이성적 관심을 끌 수 없었다. 기껏해야 연민이었다. 그녀는 연민이 아니라 사랑을 갈망했다. 나는 지금 그녀가 느끼고 있는 갈망 안에 이미 사랑이 있다는 사실을 알려 주었다. 그녀는 갈망 속에서 사랑의 힘을 느꼈다. 물론 그 사랑은 그녀의 것이다. 아무도 그 사랑을 빼앗아 갈 수 없다. 자신의 내면에 있는 사랑을 의식하게 되자 그녀는 다른 사람의 사랑에 목매지 않게 되었다. 사랑이 찾아온다면 감사히 그 사랑에 충실할 테지만, 거기에 그녀의 인생과 사랑이 달린 것은 아니었다. 사랑에 대한 그녀의 갈망을 완전히 채워 줄 남자는 없었다. 그녀가 바라는 인간적인 사랑은 실재하지 않았다. 결국 그녀가 갈망한 것은 변하지 않는 영원한 사랑, 즉 하느님의 사랑이었다. 그녀는 하느님의 사랑은 느끼지 못했지만, 그 갈망은 느끼고 있었다. 그녀의 내면에는 갈망과 함께 하느님의 사랑이 남긴 자취가 있었다. 그 사랑에 주의를 기울였을 때, 그녀는 멈출 줄 모르는 갈망과 끊임없이 반복되는 환멸의 악순환을 끊어 버릴 수 있었다. 그리고 그 누구도 **빼앗지** 못하는 사랑이 내면에 있다는 자각이 마음속에 자라났다.

우울증 때문에 사랑에 환멸을 느끼는 이가 많다. 헌신적 사랑으로 치유되는 사람도 있지만, 사랑에 대한 갈망으로 주위를 힘들게 하는 사람도 있다. 사랑받을 만한 가치를 자신의 내면에서 발견하는 것이 그래서 중요하다. 누구에게나 사랑받을 만한 가치가 있다. 누구에게나 사랑의 원천이 있다. 그렇지만 그 내면의 원천으로 살지 말지는 자신에게 달려 있다. 사랑받는 사람 다윗은 노래를 불렀다. 우리는 노래를 부르며 우리 내면의 사랑과 만난다. 노래는 내면에서 샘솟는 사랑의 원천으로 가는 길이다.

6 슬픔을 그분께 내보여라,
그것이 기도다

우울증에 걸린 사람은 기운이 없다. 아주 사소한 일인데도 큰일을 치르는 기분이다. 지칠 대로 지친 기분을 피하려고 잠을 청하지만 이마저도 쉽지 않다. 잠 못 이루는 머릿속에는 온갖 생각이 떠돈다. 우울증은 힘이란 힘은 모두 빼앗아 간다. 배터리가 방전된 상태다. 일에만 매달리는 사람에게 탈진성 우울증은 흔하다. 그들은 적극적으로 많은 일을 했지만, 지금은 아무것도 못한다. 불안해서 어쩔 줄 모른다. 손끝 하나 움직일 힘이 없다. 지칠 대로 지쳤다. 이런 탈진이 우울증으로 나타나는 것이다. 탈진성 우울증은 남성보다 여성이 더 잘 걸린다. 지나치게 양심적인 여성이나 야심만만하지만 자신감은 부족한 여성에게 특히 잘 나타난다. 단지 과하게 일한다고 탈진성 우울증이 생기는 것은 아니다. 감정적 긴장과 정서적 부담이 오랫동안 지속될 때 생긴다. 여성은 긴장을 유발하는 환경에서 오랫동안 일할 경우 탈진성 우울증에 걸릴 수 있다. 남성은 지적 작업을 할 때 계속 방해를 받거나, 충분히 인정받지 못하거나, 시간에 쫓기며 일할 경우에 걸리기 쉽다(Steinhilper 83 이하 참조). 일 년 내내 과로하는 남성이 많다. 그들은 직장에서 겪는 스트레스를 간과하지만, 언젠가는 한계에 이른다. 그때는 걷잡을 수 없이 눈물이 쏟아지거나, 아침에 일어나면 출근하기 힘들 정도로 몸이 천근만근이 된다.

　탈진성 우울증과 관련된 이야기를 성경에서 찾아보면 예수가 올리브 산에서 기도하는 장면이 눈에 띈다. 예수가 힘들게 기도를 마치고 일어나 제자들에게 왔을 때 "그들은 슬픔에 지쳐 잠들어 있었다"(루카 22,45). 그리스어로는 여기에 '리페'*lype*라는 단어가 쓰였는데 '슬픔', '비애', '근심'을 의미한다. 제자들은 예수와 함께 깨어 있지 못했다. 자신들의 스승이 고난의 길을 가야 한다는 사실에 크게 낙담해 있었다. 그들은 힘들게 일해서 지친 것이 아니었다. 언행과 카리스마로 자신들을 사로잡았던 예수가 눈앞에 닥친 고난을 피할 길이 없으니 낙담했을 것이다. 그 괴리에서 비롯된 내적 긴장도 견딜 수 없었을 것이다. 예수는 당신의 고난을 예고했다. 올리브 산에 가기 바로 전, 최후의 만찬에서도 제자 하나가 배신할 것이며 당신의 죽음이 임박했다고 알렸다. 제자들은 불안하고 혼란스러웠을 것이다. 올리브 산에서 예수가 제자들에게 요구한 바는 큰 것이 아니었다. 단지 당신과 함께 기도하라고 했다. 하지만 제자들은 너무 지쳤다. 기력을 잃었다. 정신을 차리고 기도할 수가 없었다. 모든 것이 무의미해 보였다. 제자들은 심한 압박감에 잠으로 도피해 버렸다. 말 그대로 예수와 자신들에게 닥친 시련 앞에 눈감은 것이다. 제자들은 예수에게 벌어지는 일을 보지 않으려고 잠으로 도피했다. 우울증은 심리적 압박에 대한 방어기제로 작용하기도 한다. 스승이 죽을지도 모른다는 생각에 압도된 제자들은 근심에 지쳐 잠들었다. 하지만 잠든 제자들은 예수를 전혀 도울 수 없었다. 우울증은 실제로 일어난 좌절이나 예기된 좌절의 압박에서 스스로를 방어한다. 하지만 우울증에 빠지면 빠질수록 점점 용기를 잃어서, 언젠가는 일어나지도 못하게 될 것이다. 루카는 제자들이 슬픔으로 탈진했다고 했다. 반대로 심리학자들은 탈진으로 우울증에 걸리는 사람이 많다고 한다. 나는 탈진과 우울증을 분리할 수 없다고 생각한다. 이 둘은 밀접히 연관되어서 어떤 것이 선행하는지 답하기가 쉽지 않다. 그렇지만 단지 과로만으로 탈진하지는 않는다. 흔히 낙담과 저항, 환상의 붕괴 등이 탈진과 우울증을 유발한다. 나는 탈진성 우울증에 걸린 교사를 상담한 적이 있다. 그녀가 우울증에 걸린 이유는 일이 아니라 교사들 사이의 불분명한 관계와 암묵적 갈등이었다. 그녀는 에너지를 모두 빼앗겼다.

우울증에 걸린 사람에게는 예수가 제자들에게 행한 치유가 지나친 요구로 보인다. "왜 자고 있느냐? 유혹에 빠지지 않도록 일어나 기도하여라"(루카 22,46). 우울증에 걸린 사람은 일어나지 못할 정도로 지쳤다. 기도하는 법도 잊어버린 것 같다. 하지만 예수는 유혹에 빠지지 않기 위해 먼저 일어나 기도하라고 했다. 그리스어로 유혹은 원래 '혼란'을 의미한다. 우울증은 생각과 판단을 혼란에 빠뜨린다. 우리는 일어나 기도해야 한다.

그런데 여기서 예수가 말하는 기도란 무엇일까? 한 여성이 내게 편지를 썼다. "저는 여러 골치 아픈 문제로 몇 년 전부터 우울증에 걸려 있어요. 문제는 해결될 기미가 보이지 않고 제 상태도 마찬가지예요. 기도로 변하는 것은 아무것도 없었지요. 하느님께서 도와주시지 않는 것 같아요. 기도가 이루어지지 않으니 절망할 따름이에요." 이 여성은 기도를 하느님이 들어주셔야 하는 청탁으로 이해했다. 하느님이 문제를 변화시키지 않으면 그녀도 변화하지 못하는 것이다. 이것은 결국 자신이 책임져야 할 일을 하느님에게 떠맡기는 꼴이다. 그녀는 당연히 하느님이 우울증을 없애 주어야 한다고 생각했지만, 이런 태도로는 언제까지나 실망감만 맛볼 뿐이고 결국에는 기도마저 그만두게 될 것이다. 예수가 생각하는 기도는 분명 다르다. 예수는 하느님에게 두려움과 무력함과 슬픔을 내어 놓았다. 당신의 아버지에게 쓰디쓴 잔을 거두어 달라고 청하면서도 이렇게 기도했다. "그러나 제 뜻이 아니라 아버지의 뜻이 이루어지게 하십시오"(루카 22,42). 예수는 기도를 하느님과 함께하는 분투로 보았다. 그분에게 슬픔을 내어 놓고 구해 달라고 청하는 동시에, 그분에게 나를 던지는 것이다. 우울증은 하느님을 바라봄으로써 변화한다. 더는 나를 쥐고 흔들지 못하게 된다. 유혹에 빠지지 않도록 기도하라는 말씀도 눈여겨봐야 한다. 기도는 우울증을 막지 못한다. 기도는 우리가 우울증에 걸렸을 때, 혼란스러워하거나 나 자신과 하느님에 대해 판단력을 잃지 않도록 보호한다. 기도가 우리의 고통을 거두어 가지는 않는다. 고통 가운데 발 디딜 곳을 마련해 줄 뿐이다. 우리는 우울증에 시달릴 때 기도하며 하느님에게 의지한다. 그분 안에서 안정을 찾고 우울증으로 무너지지 않기 위해서다.

루카 복음에는 우울증에 걸린 사람이 기도를 통해 절망을 극복하는 법을 보여 주는 비유가 나온다. 예수는 적대자에게 시달리는 과부 이야기를 들려주었다(루카 18,1-8 참조). 과부는 달리 방도가 없는 것 같았다. 재판관을 찾아갔지만 도와주려고 하지 않았다. 과부가 처한 상황은 그녀를 위협하는 외부의 적이나, 그녀를 힘들게 하는 두려움과 생활 방식이나, 그녀의 삶을 방해하는 우울증을 의미할 수 있다. 그래도 과부는 포기하지 않았다. 희망이 없어 보일지라도 제 삶을 위해 완강히 싸웠다. 재판관은 과부에게 깊은 인상을 받고 결국 두 손을 들었다. "나는 하느님도 두려워하지 않고 사람도 대수롭지 않게 여기지만, 저 과부가 나를 이토록 귀찮게 하니 그에게는 올바른 판결을 내려 주어야겠다. 그렇게 하지 않으면 끝까지 찾아와서 나를 괴롭힐 것이다"(루카 18,4-5). 그리스어로는 이렇다. "그렇지 않으면 다시 와서 내 눈을 시퍼렇게 만들 것이다." 이 말을 누군가 엿들었다면 권세를 자랑하는 재판관의 혼잣말에 소리 없이 웃었을지도 모른다. 예수가 말하고 있는 것은, 약해지지 않고 기도하는 사람이 고집스러운 과부처럼 삶을 누릴 권리를 얻게 된다는 사실이다. 기도하는 사람은 절망에 사로잡히지 않는다. 기도가 그를 일으켜 세운다. 기도가 그에게 삶을 누릴 권리를 준다.

우울증에 걸린 사람은 기도를 할 수 없다고 호소하곤 한다. 그들은 하느님에게 우울증에서 구해 달라고 계속 기도한다. 하지만 변하는 것은 없고, 기도가 소용없다고 느끼게 된다. 기도가 이루어지지 않아 믿음에 회의가 들고, 그러면서 상태는 악화되기만 한다. 그들은 믿음이 부족하다며 양심의 가책을 느낀다. 믿음이 모자라서 기도가 이루어지지 않는다고 생각한다. 우울증은 사라지기는커녕 심해진다. 악순환의 원인은 기도에 대한 그릇된 이해에 있다. 기도를 너무 피상적으로 이해하는 사람이 많다. 그들은 밖에서 기적을 구한다. 자신이 신경 쓰지 않아도 하느님이 마법사처럼 손쉽게 우울증을 없애 주신다고 생각한다. 하지만 피상적 기도는 결국 절망에 이르게 한다. 예수는 기도를 달리 이해했다. 예수에게 기도란 하느님 앞에서 자신의 무력함을 드러내는 것이다. 예수가 올리브 산에서 드렸던 기도가 그랬다. 예수는 기도를 드리며 더 깊은 두려움과 무력함에 빠졌지만, 하느님 앞에서 두려움을 직면함으로써 두려움을 변화시켰다. 절망적이었지만 굳세게 싸웠던 과부의 모습을 통해 예수는 제자들에게 포기하지 않는 용기를 심어 주고자 했다. 제자들은 밤낮으로 울부짖으며 하느님께 기도하고 자신들의 고통을 내보였어야 했다. 하느님은 그들에게 합당한 권리를 주셨을 것이다. 그렇지만 기도를 피상적으로 이해하면 안 된다. 그분이 하늘에서 손을 뻗어 우울증을 거두어 가실 것처럼 생각하면 안 된다. 기도 안에서 삶을 누릴 권리를 체험해야 한다. 기도를 통해서 우리는 하느님이 내 안에서 머무르시는 영혼의 밑바닥을 만난다. 그곳에서는 그 어떤 적도 우리를 위협하지 못하고 우울증도 다가오지 못한다.

삶을 누릴 권리를 얻는다. 그곳에서 우리는 온전하고 깨끗하다. 온갖 우울한 기분에서 자유롭다. 기도는 우리가 우울한 기분으로 절망할 때 영혼의 밑바닥에 있는 힘과 만나게 한다. 예수는 제자들에게 일어나 기도하라고 했다. 기도는 일어나는 것이다. 우울증에 순응하는 것이 아니라, 우울증을 직면하고 기도 안에서 새로운 발판을 마련하는 것이다.

"간절히 기도하세요. 그러면 우울증이 사라질 겁니다" 라고 말하는 것은 흔해 빠진 충고다. 기도를 너무 피상적으로 본 것이다. 더군다나 기도해도 변하는 것이 없을 때는 우울증이 깊어지기만 한다. 예수처럼 조언하는 편이 더 효과적이다. "아무도 도와주지 않을 것 같아도 포기하지 마세요. 계속 싸우며 기도하세요. 기도 안에서 하느님을 체험할 겁니다. 하느님이 당신 안에서 머무르시는 그곳에서는 내면의 재판관이 당신을 마음대로 하지 못합니다. 당신이 당신 안에 있는 내면의 공간을 느끼게 되면, 그곳에서 외부의 고통을 피할 겁니다." 이것이 유혹에 빠지지 않도록 기도해야 한다는 말씀의 의미다. 고통은 우리 안팎에 있는 우울증에 있다. 우울증에 빠져들면 안 된다. 우리 내면에는 우울증에 영향을 받지 않는 공간이 필요하다. 기도가 우리를 그곳으로, 하느님이 머무르시는 그 자리로 이끈다. 그곳에서 우리는 깨끗하고 온전하다.

어느 사제가 권한 단순한 해결책을 거부한 여성이 있었다. "오직 기도하십시오. 기도가 당신을 도울 것입니다"라고 사제는 조언했다. 그녀가 물었다. "왜 이제껏 아무런 도움도 받지 못했을까요? 끊임없이 기도하고 청했지만 마음의 짐은 그대롭니다. 하느님이 제게 전하고자 하시는 말씀이 무엇인지 이해하려면, 그리고 왜 그런 말씀을 하시는지, 그것이 어떤 의미인지, 왜 다른 것들보다 좋은지 깨달으려면 제가 생각을 어떻게 바꿔야 할까요?" 그녀의 물음에 이미 해결책이 들어 있다. 우리가 기도를 드림으로써 하느님이 마음의 짐을 내려 주신다는 것은 중요하지 않다. 정작 중요한 것은, 내가 고통받을 때 하느님의 손길이 나를 보살피신다는 사실과 우울증도 건드리지 못하는 그 무엇이 내 안에 있다는 사실을 깨닫는 일이다. 이런 깨달음은 자기 인식을 변화시킨다. 내 존재와 인생을 새로운 시각으로 바라보고, 우울증을 다른 방식으로 다루게 되는 것이다.

7 아파하라, 옛것이 죽고 새것이 난다

우울증에 걸린 사람은 과거에서 헤어나지 못한다. 그런데 우울증은 미래가 불안해서 걸릴 수도 있다. 우리는 코앞에 닥친 힘겨운 대립을 피하기 위해 우울증으로 도피해 버리기도 하고, 금방이라도 터질 것 같은 갈등을 두려워하기도 한다. 한 사제가 기차에 몸을 던졌다. 자신에 대한 진실이 밝혀질까 봐 견딜 수 없었던 것이다. 그런데 사제는 바로 그 사건으로 세상의 이목을 끌었다. 우울증은 우리가 뜻한 바를 이루어 주지 않는다. 우울증으로 아무것도 하지 못한다면 모두가 우리를 바라볼 것이다. 애써 감추려 하면 더 크게 드러나는 법이다. 우울증은 감당하지 못할 것 같은 고통을 회피하려는 시도다. 하지만 이것은 번번이 헛된 시도에 그친다. 우리는 우울증으로 더 큰 고통에 빠지게 된다.

오늘날은 고통에 대한 두려움이 만연해 있다. 암이나 알츠하이머병, 심근경색 같은 심각한 질병에 대해 근심하는 것이다. 암 진단을 받으면 우울증이 찾아올 수 있다. 이렇게 걸린 우울증은 병마와 싸우기를 거부하는 태도와 같다. 사람들은 암을 직시하고 싶어 하지 않는다. 하지만 우울증은 암을 치유할 기회를 박탈할 뿐이다. 암을 도전으로 받아들여 자신의 삶을 되돌아보고 치유를 희망하는 편이 더 도움이 될 것이다. 때로는 육체적 질병이 우울증과 연결되어 있기도 하다. 많은 사람이 요통이나 두통, 불면증 같은 신체적 증상만을 호소하지만, 사실 이것이 우울증의 징후다. 때로는 심근경색에 걸리고 나서 우울증 증세가 나타난다. 이렇게 찾아온 우울증은 심근경색의 재발 가능성을 높인다. "우울증이 심할수록 심근경색의 예후도 나쁘다. 심장과 마음이 밀접하게 연관되어 있다는 것은 현대 자연과학을 통해서도 증명되었다. 실제로 슬픔은 사람의 심장을 멈출 수도 있다"(Karl Mayer in: Hesse 138).

요한 복음에서 제자들이 슬픔(lype)과 근심과 우울을 호소할 때, 예수는 우울증을 고통과 질병에 대한 두려움이나 사랑하는 사람의 상실에 대한 두려움으로 보았다. "내가 진실로 진실로 너희에게 말한다. 너희는 울며 애통해하겠지만 세상은 기뻐할 것이다. 너희가 근심하겠지만, 그러나 너희의 근심은 기쁨으로 바뀔 것이다. 해산할 때 여자는 근심에 싸인다. 진통의 시간이 왔기 때문이다. 그러나 아이를 낳으면, 사람 하나가 이 세상에 태어났다는 기쁨으로 그 고통을 잊어버린다. 이처럼 너희도 지금은 근심에 싸여 있다. 그러나 내가 너희를 다시 보게 되면 너희 마음이 기뻐할 것이고, 그 기쁨을 아무도 너희에게서 빼앗지 못할 것이다"(요한 16,20-22). 예수의 말씀을 우울증에 적용해 보면, 예수는 우울증을 자연스러운 체험으로 보았다고 할 수 있다. 제자들처럼 예수 그리스도 안에서 하느님 사랑의 신비를 체험한 사람은 자신이 느끼는 영적 갈망을 이해하지 못하는 세상에 대해 슬퍼하게 된다. 우울증에 걸린 사람은 아주 예민하다. 깊은 영적 의식을 지닌 그들은 한편으로는 감수성과 영성 사이의 긴장을, 다른 한편으로는 세상의 풍파를 견디지 못한다. 이러한 이유로 우울증에 걸린 사람은 예수의 말씀에서 치유의 길을 깨달을 수 있다.

예수는 해산解産을 비유로 들었다. 우리는 이 비유를 다양하게 해석할 수 있다. 첫째는 피상적 해석이다. 우울증은 저절로 사라지기도 한다. 몇 주를 앓기도 하고, 두세 달이나 그 이상을 앓기도 한다. 그 후에는 우울증이 사라지기 마련이고 마음에 다시 활력과 기쁨이 찾아온다. 우울증에서 벗어난 사람은 예전에 느꼈던 기쁨을 다시 느끼게 된다. 예전처럼 열정적이고 적극적으로 살게 된다.

둘째는 좀 더 깊은 해석이다. 해산의 고통은 여성을 근심하게 한다. 하지만 그 고통을 이겨 내면 기쁨이 찾아온다. 우울증은 해산의 과정으로 생각할 수 있다. 아프다. 그렇지만 우울증을 겪으며 새로운 '나'가 천천히 모습을 드러낸다. 낡은 규범으로 정해진 나가 아니라 새롭게 태어난 나, 하느님에게서 태어난 나다. 우울증은, 본질적으로 삶의 일부인 죽음을 대변하기도 한다. 내 안에서 새것이 태어나려면 옛것이 죽어야 한다. 옛것이란 세속적 규범과 외적 기준에 따라 결정된 생각이다. 우울증에 걸린 사람이 성공과 명망만 좇게 되면 병세는 갈수록 나빠진다. 하지만 옛것을 죽게 하면 내 안에 새로운 내가 태어남을 어렴풋이 깨닫게 된다. 이렇게 태어난 나는 하느님이 정한 새로운 사람이다.

이것은 다른 질병에서도 마찬가지다. 암이나 심근경색을 내 삶을 변화하라는 도전으로, 옛것은 버리고 새것은 들이라는 도전으로 보면 질병을 새로운 탄생으로 체험하게 된다. 우울증은 내 안에서 자라나려고 하는 새것에 대한 거부 반응이다. 암에 걸렸다는 이야기를 들었을 때 내 영혼이 우울증으로 반응한다면, 이는 질병을 통해 찾아온 도전에 응하고 하느님이 기대하시는 새로운 탄생을 용감히 받아들이라는 권유로 이해할 수 있다.

우울증을 해산의 과정으로 이해하는 사람은 우울증을 겪으며 삶의 신비와 하느님의 신비를 깊이 들여다보는 사람으로 성장한다. 외적인 일은 그들에게 더 이상 중요하지 않다. 점점 더 깊은 곳으로 들어가서 모든 존재의 근원에서 하느님을 발견하기를 갈망할 뿐이다. 우울증을 해산으로 받아들이는 사람에게는 철학적·신학적 문제가 중요해진다. 신비주의의 길이 그들을 매혹한다. '나'라는 존재에서 자유로워지기 위해서 그들이 꼭 고행의 길을 가야 하는 것은 아니다. 그들은 우울증이 그들의 자아를 무너 뜨렸음을 느낀다. 그들은 '나'를 중심에 두려는 온갖 욕망에서 자유로워졌다. 하느님을 조금 맛보았다. 그것으로 충분하다. 고행을 자처할 필요가 없다. 십자가의 성 요한 Johannes vom Kreuz도 같은 의미에서 '어두운 밤'을 이해했을 것이다. '어두운 밤'과 오늘날 정신과 의사나 심리학자들이 보고하는 우울증의 다양한 양상이 분명 일치하지는 않는다. 그렇지만 '어두운 밤'과 비슷한 경험을 공유하는 우울증은 있다. '어두운 밤'을 경험할 때 우리의 온 감정이 정화되는 것과, 감정과 하느님을 혼동하지 않는 것이 중요하다. 우리는 하느님께 투신하기 위해 모든 집착을 놓아야 한다. 하느님은 우리의 감정 저편에, 고요와 평안과 주권에 대한 세속적 규범 저편에 계시다. 요즘에는 좀 더 조용하고 평온하게 살고자 영적 여정을 가는 사람이 많다. 그들에게 '어두운 밤'은 세속의 규범을 놓아 버리고 조건 없이 하느님과 교제하라는 도전이다.

예수의 말씀을 달리 이해할 수도 있다. 우울증은 해산의 과정만이 아니다. 본질적으로 삶의 일부인 새로운 탄생을 거부하는 사람은 우울증에 걸린다. 그러니 우울증은 삶을 거부하는 태도라고 볼 수 있다. 우리는 옛것을 묻어 두고 새로 거듭나는 것을 거부하곤 한다. 이때 '사람 됨'을 향해 중요한 발걸음을 내디뎌야 한다고 경고하는 것이 바로 우울증이다. 말하자면 우울증과 대화를 시작해야 하는 것이다. 우리가 무엇에 집착하고 어떤 점에서 삶을 거부하는지 우울증을 통해서 배워야 한다. 우울증은 낡은 세상을 등지며 자아를 해방하고 새로운 사람으로 성숙하라는 영적 도전이다. 우리는 하느님이 정하신 모습으로 거듭날 때 새로운 사람이 될 수 있다.

우울증을 해산의 과정으로 이해하는 사람은 예수가 말한 것을 체험하게 된다. 그는 누구도 빼앗지 못하는 기쁨을 자신의 내면에서 느낀다. 그 기쁨은 요란하게 드러나기보다 마음속 깊은 곳에 있다. 교부들은 파괴되지 않는 거룩한 기쁨을 이야기했다. 거룩한 기쁨은 성공과 인정에서 오는 기쁨과 질적으로 다르다.

8 세상을 슬퍼하라, 하느님처럼

이 세상을 견뎌 내기에 우울증에 걸린 사람은 너무 예민한 것 같다. 그들은 세상의 고통을 목격할 때마다 수없이 상처받는다. 하지만 각종 언론 매체를 통해 세상의 고통과 끊임없이 마주한다. 어떻게 피할 도리가 없다. 그래서 어떤 이들은 이런 세상에서 살아갈 수 없다는 생각에 자살을 감행하기도 한다. 그들은 아주 연약하고 민감해서 세상의 풍파를 감당하지 못한다. 일상에서 겪는 고통이나 내면에서 느끼는 고통을 지나치게 마음에 담아 둔다. 그들의 마음은 갈가리 분열된 세상을, 폭력과 악의로 얼룩진 세상을 견뎌 내지 못한다. 세상 사람들이 처한 곤경에 대해 슬픔을 가누지 못해 그들은 죽음에 이르는 것이다.

바오로는 코린토 신자들에게 보낸 둘째 편지에서 이러한 모습의 슬픔에 대해 이야기했다. 바오로는 '하느님의 뜻에 맞는 슬픔'과 '현세적 슬픔'을 구분했다. '하느님의 뜻에 맞는 슬픔'(*metanoia*)은 우리를 회개로 이끌어 치유의 계기가 된다. 반면 '현세적 슬픔'은 죽음으로 이끈다(2코린 7,9-11 참조). 개신교 신학자 루돌프 불트만Rudolf Bultmann은 슬픔의 두 모습을 이렇게 설명한다. 현세적 슬픔은 "자신의 세속적 안녕과 욕망이 좌절되었다고 판단한 사람이 느끼는 낙심이다"(Bultmann in *ThWNT* 322). 반면 하느님의 뜻에 맞는 슬픔은 "세상의 헛됨을 아는 사람, 회개하여 세상에서 하느님에게로 다시 돌아선 사람이 느끼는 비애다"(같은 곳). 그리스도인은 세상의 비애와 고통을 안다. 여느 사람들처럼 세상살이에서 기쁨이 침해당하는 고통을, 온갖 상처와 아픔을 체험한다. 슬픔은 생명력을 억압한다. 하지만 그리스도인은 슬픔을 통해 이 세상에서 자유로워지거나, "생명력이 날로 자라나는"(같은 책 323) 체험을 하기도 한다. 그리스도인에게 슬픔은 세상과의 단절을 의미한다. 그들은 이 세상에 속하지 않는다.

바오로에 따르면 하느님에게 일치하는 슬픔이자 하느님의 뜻에 맞는 슬픔인 '카타 테온'*kata theon*의 슬픔이 있다. 이것은 결국 우리가 머물 곳이 이 세상이 아니라는 체험이다. 라인홀트 슈나이더는 이러한 슬픔을 체험했다. 슈나이더는 모든 고통에서 벗어나 영원히 안식하고자 죽음을 동경했다. 그가 보기에 자연에는 고통이 있었고 인간에게는 오류가 있었다. 이러한 세상을 목격하며 슈나이더는 고통을 느꼈다. 그는 히틀러 정권하에서 나치즘에 반대했고, 히틀러 정권 붕괴 후에도 계속되는 나치즘의 영향에 지독한 환멸을 느꼈다. 슈나이더의 믿음은 나치 치하에서 위협받던 그리스도인에게 희망과 위로가 되었다. 그렇지만 머지않아 슈나이더는 믿음 자체를 위협받았다. 우울증이 믿음을 공격한 것이다. "나는 생기를 잃어 죽을 힘도 없었습니다"(Scherer 1103에서 재인용).

이런 종류의 우울증은 영적으로 어떻게 다룰 수 있을까? 자살만이 세상의 거대한 고통에 대응하는 유일한 방법일까? 청소년기부터 우울증에 시달려 온 슈나이더는 젊은 날 자살을 시도했다. 그는 드레스덴 인쇄소에서 보낸 암울한 나날 속에서 자살을 꿈꾸며 자유를 느꼈다.

"나는 죽음과 함께하며 넘치는 자유를 느꼈습니다"(Cermak 32에서 재인용). 슈나이더는 믿음을 얻고 나서 다시는 자살을 시도하지 않았다. 하지만 그는 자살 성향을 '태생적 욕망'인 동시에 '존재의 근원에 대한 부정'이라고 생각했다. 그는 우울증을 하느님을 향한 외침이자 그리스도에게 가는 길, 신비스러운 정화로 보았다. 슈나이더는 우울증을 십자가의 성 요한이 말한 '어두운 밤'과 연관 짓고 우울증의 고통 속에서 "복음의 역설"을 깨달았다. "우리는 어떤 의미에서 병들어야 한다. 그렇지 않으면 그분께서 우리에게 오지 않으신다. 또 다른 역설은 우리가 병드는 동시에 치유되는 것이다"(Hell 230). 슈나이더는 우울증에 시달리면서도 기도에 매달렸다. 그에게 기도는, 끝없이 고통으로 점철된 세상을 견딜 수 있게 하는 유일한 자리였다. 그렇지만 기도는 세상의 고통에 맞서 싸우게 해 달라고 청하는 자리가 아니라, 하느님께 투신하는 자리였다. 그에게 기도는 고통스러운 세상 속에서 발견한 안식처였다. 우리는 기도 중에 내면에 있는 침묵의 공간을 알아차리게 된다. 침묵의 공간은 세상의 고통을 회피하거나 거부하는 곳도 아니고 외면하는 곳도 아니다. 고통에서 보호받는 피난처다. 고통에 대해 골몰하지 않아도 되는 곳이다. 그곳에서는 하느님의 존재가 권능을 떨쳐서 다른 모든 것이 침묵한다.

우울증과 화해하기 위해 슈나이더에게 중요했던 것은 올바른 하느님상이었다. 그에게 올바른 하느님상이란 고난을 짊어진 그리스도의 모습이었다. 우울증과 위장병에 시달리던 슈나이더는 그분의 모습에서 위안과 희망을 얻었다. 그는 우울증과 희망에 대해 이렇게 말했다. "구렁텅이란 구렁텅이는 죄다 아가리를 벌리고 있다. 우주의 구렁텅이와 인간의 구렁텅이다. 그래도 아직 희망이 남아 있다면, 오로지 이는 사람의 몸으로 돌아가신 그리스도의 죽음에 있을 뿐이다. 희망은 고난이다. 키르케고르Søren A. Kierkegaard가 말했듯 진리는 고난을 통해 승리한다. 십자가의 길이 바로 진리에 이르는 길이다"(Cermak 37에서 재인용). 슈나이더는 우울증을 아버지의 유산으로 생각했다. 그래서 고난을 짊어진 그리스도를 바라보며 자신의 고통을 잠재우려 했고, 그 고통을 다른 이에게 물려주지 않으려 했다. "내 가장 깊은 본성이 거룩한 고난을 우러러 공경했다. 이보다 확실한 것은 없었다. 교황 그레고리오 1

세가 말했듯 그분의 고난을 바라보는 것만이 어두운 마음에 도움이 되기 때문이다"(같은 책 38).

바오로가 말한 '하느님의 뜻에 맞는 슬픔'은 슈나이더의 생각과 일치한다. 우울증 가운데는 현실에 대한 부정적 해석도, 삶에 대한 과장된 기대도 아닌 무엇이 있다. 이런 우울증은 다른 세상을 향한 동경이 겉으로 드러난 것이다. 슈나이더는 그가 세상이라는 무대에서 본 것을 이야기했다. 그는 잠시 멈추어 연기를 그만둘 준비가 되어 있었다. 지상 양식에 아무런 갈망이 없었다. 우울증은 그가 다른 세상으로 눈을 돌리게 했다. 그런데 슈나이더는 죽음 저편에 있는 세상을 영원한 생명이나 순수한 기쁨보다는 영원한 안식으로 상상했다. 하루하루 자신을 짓누르는 고통에서 벗어나 마침내 쉴 수 있는 곳으로 생각했다. 우울증은 그곳에서 치유되는 것이 아니라 다른 맛을 들이게 되는 것이라고 할 수 있다. 우울증은 죽음의 맛으로써 영원한 안식의 맛을 보게 한다. 이렇게 우울증을 받아들인 사람은 이 세상의 요구에서 자유로워진다. 사람들에게 전적으로 매달리지 않게 된다. 그는 "완전한 현재 속에서 더는 그들의 식탁에 앉지 않는다"(같은 책 36).

이렇게 받아들인 슬픔은 영원한 생명으로 가는 통로다. 우울증에는 두 가지 상이한 모습이 있다. 첫째는 새로운 통찰로 이끄는 것이다. 우울증에 걸린 사람 중에는 모든 것을 다른 사람보다 분명하게 보는 이들이 있다. 그들은 이 세상의 심연을 들여다본다. 라인홀트 슈나이더가 바로 그런 사람이다. 우울증에 시달리던 슈나이더는 낙관주의 작가들과는 다른 눈으로 세상을 관찰했다. 이 세상의 본질을 보고 인간 내면의 실재를 인식했다. 우울증 덕분에 슈나이더는 회심 이후 자신이 만들어 낸, 믿음에 대한 온갖 환상에서 깨어났다. 믿음이 모든 문제를 해결해 준 것은 아니었다. 그렇지만 믿음은 슈나이더를 우울증에 대한 깊은 통찰로 이끌었다. 이런 통찰을 통해 슈나이더는 우울증의 고통에도, 또는 바로 그 고통 덕에 수많은 사람에게 축복이 되었다.

우울증은 사람들을 한없이 아래로 끌어 내리기도 한다. 그들은 절망에 빠진 것 같다. 믿음을 잃었다. 아니면 적어도 우울증을 다스릴 만한 힘을 잃었다. 우울증이 그들을 완전히 사로잡은 것 같다. 하지만 이런 경우라도 믿음은 도움이 된다. 예수의 고난을 묵상하면서 완전한 무력함과 지독한 슬픔에서 예수 그리스도와의 친교를 체험하는 것이다. 예수의 고난은 우울증에 걸린 사람에게 스스로를 단죄할 필요가 없음을 보여 준다. 예수도 고난 받았다. 예수의 고난은, 우리가 알지 못하는 이유로 그분이 짊어졌던 십자가였다. 우리가 그 이유를 반드시 알아야하는 것은 아니다. 나를 하느님에게서 고립시키는 것 같은 중증 우울증도 우리를 하느님의 손길로 인도하는 길이 될 수 있다. 다니엘 헬은 믿음이 우울증에 걸린 사람에게 의미하는 바를 이야기했다. "독실한 사람에게 우울증이란 겉으로는 무의미하더라도, 속으로는 의미 깊은 운명에 자신을 내맡기는 용기를 뜻한다. 이런 사람에게는 보통 사람들이 하루하루 살아가며 경험하는 것과는 다른 새로운 이해의 차원이 열린다"(Hell 232). 이렇게 믿음으로 우울증을 받아들이는 사람은 치유를 경험하지 못하더라도, 우울증에 저항하지 않는다. 도리어 우울증이 새로운 인식으로 나아가는 길이 된다. 새로운 눈으로 나 자신과 삶의 신비를 보고 모든 존재의 근원이신 하느님을 본다.

9 삶의 역겨움에 마음 쓰지 마라

우울증에 걸린 사람은 입맛이 없다. 예전에 좋아하던 음식도 이제는 맛이 없다. 식사를 즐기지 못한다. 굶어 죽지 않으려고 억지로 삼킬 뿐이다. 이런 식욕부진은 그들이 인생을 어떻게 느끼고 있는지 대변한다. 그들은 살맛이 없다. 인생에 욕지기가 난다. 고대 로마인들은 '인생 혐오'(taedium vitae)를 이야기했다. 이 말은 삶이 구역질 나고 토할 것 같은 기분이라는 의미로, 우울에 빠진 사람에게 혐오를 불러일으켜 인생을 적극적으로 살지 못하게 한다.

아시아에서 이 같은 경험을 한 바오로는 코린토 신자들에게 편지를 썼다. "형제 여러분, 우리가 아시아에서 겪은 환난을 여러분도 알기를 바랍니다. 우리는 너무나 힘겹게 짓눌린 나머지 살아날 가망도 없다고 여겼습니다"(2코린 1,8). 라틴어로는 "산다는 것 자체가 역겹습니다" (ita ut taederet nos etiam vivere)라고 되어 있다. 바오로는 분명이 부분에서 우울증 체험을 넌지시 언급하고 있다. 삶의 무게가 힘겨울 때, 수많은 근심이 짓누를 때, 인간의 한계를 넘어선 고난이 찾아올 때 우리의 영혼은 염증과 혐오를 느낀다. 삶이 온통 고립된 것처럼 느껴져서 자신에게 주어진 얼마 안 되는 인생조차 즐기지 못한다. 모든 것이 죽을 맛이다. 그리스어 '틀립시스'*tlipsis*는 커다란 곤경이나 고난, 절망에 빠졌음을 뜻한다. 이 말은 우울증에서 벗어날 길이 없다는 것처럼 들린다. 지혜를 '삶의 맛'으로 받아들인 로마인들은 절망을 삶의 역겨움으로 표현했다.

역사상 인생에 대한 염증이 만연했던 시기는 끊임없이 존재했다. 불모의 시대였다. 사람들은 삶을 살아갈 힘이 없었다. 이런 무력함을 한탄해 보아도 인생을 직시하는 데 방해가 될 뿐이었다. 테야르 드 샤르댕Teilhard de Chardin은 그의 작품에서 삶의 역겨움(taedium vitae, dégout, ennui)에 대해 상세히 설명했다. 테야르는 자신과 주위 사람의 영혼에서 발견한 삶의 역겨움을 삶의 활력을 마비시키는 원인으로 보았다. 삶의 역겨움에 지배당한 사람은 테야르가 꿈꾸는 진화 작업에 참여하지 않는 특징이 있다. 그들은 활력을 잃었다(Modler 20 이하 참조). 장 폴 사르트르Jean Paul Sartre는 『구토』La Nausée에서 삶의 역겨움이나 인생 혐오를 기본적 존재 의식으로 묘사했다. 존재의 미약함에 인간은 구토할 뿐이다(같은 책 84 참조). 프랑스어로 '구토'(nausée)는 '배'(navis)라는 말에서 나왔는데 뱃멀미, 구역질을 뜻한다. 사르트르와 달리 테야르는 삶을 마비시키는 '혐오'와 무미無味함, 역겨움에 대해 맞서 싸워야 한다고 보았다. 삶의 역겨움에 대한 진정한 치유법은 믿음이다. 테야르의 분투는 그 자신이 소년일 때부터 두려움과 낙담에 줄곧 시달렸음을 보여 준다. 테야르는 자신을 마비시키고 "아주 작은 일도 심각하게 받아들이게 만든"(같은 책 160) 신경성 우울증에 대해 이야기했다. 테야르는 삶의 역겨움을 직접 경험했기 때문에 그토록 분투했던 것이다. 인생이 부조리하면 구토가 치민다. 하지만 변하지 않는 것, 즉 해칠 수 없고 죽음으로도 어찌할 수 없는 것이 내 안에 있음을 체험하게 되면 삶에 활력과 기쁨이 생긴다. 삶의 역겨움에 대한 테야르의 답은 역겨움에 마음 쓰지 않고 지금까지 그래 왔던 것처럼 계속 그렇게 살아가는 것이다. 테야르의 또 다른 답은 예수회의 군대식 교육에서 비롯되었다. 엄격한 규율은 우울증 치유에 아무런 도움이 되지 않았다. 의지만을 앞세운 싸움은 결국 헛된 노력이 되었던 것이다. 셋째 방법은 믿음이었다. 그래서 테야르는 자신에 대해 이렇게 이야기했다. "무엇인가 나를 구원한 것, 그것은 깊은 밤 내게 들려온 복음의 소리였다. '나다. 두려워하지 마라!'"(같은 책 170). 결국 테야르는, 자신을 삶의 역겨움에서 해방한 우주적 그리스도와 일치를 이루는 신비를 체험했다.

바오로는 코린토 신자들에게 보낸 둘째 편지에서 삶의 역겨움 대해 비슷한 치유법을 이야기했다. 바오로는 '나 자신'이 아니라 "죽은 이들을 일으키시는 하느님"(2코린 1,9)에게 거는 신뢰를 언급했다. "그분께서는 과연 그 큰 죽음의 위험에서 우리를 구해 주셨고 앞으로도 구해 주실 것입니다. 이렇게 우리는 하느님께서 또다시 구해 주시리라고 희망합니다"(2코린 1,10). 우리는 신뢰와 희망으로 삶의 역겨움에 대처할 수 있다. 그런데 여기서 신뢰란 아이가 엄마에게 느끼는 근본적 신뢰를 의미하지 않는다. 우울증에 걸린 사람은 삶에 대한 선천적 신뢰가 결핍되어 있다. 그러므로 여기서 말하는 신뢰는 죽은 이들을 일으키시는 하느님, 즉 죽음의 맛을 변화시키시는 하느님에 대한 신뢰를 뜻한다. 하느님에 대한 희망도 우리에게 필요하다. 바오로는 '보이지 않는 것을 희망하는 희망'을 이야기했다. 우울증에 걸리면 병세가 호전되기는커녕 어둠만 보이고 구토가 치민다. 그래도 희망은 보이지 않는 것, 즉 앞으로 다가올 하느님의 손길에 있다. 바오로는 희망이 없는 곳에 희망을 주시고, 생명이 없는 곳에 새 생명을 마련하시는 하느님을 신뢰했다.

삶에 대한 역겨움은 언제나 무망감無望感과 관계가 있다. 자살을 시도한 청소년과 함께한 로이 페어차일드Roy W. Fairchild는, 그들의 머릿속에는 "희망이 없다"는 말이 끊임없이 맴돈다는 것을 확인했다(Fairchild 44). 페어차일드는 여기에 '파국적 기대'(katastrophale Erwartung)라는 개념을 인용했다. 파국적 기대는 게슈탈트 치료(Gestalttherapie)의 창시자 프리츠 펄스Fritz Perls가 희망이 없는 상태를 설명하고자 만든 개념이다. 절망에 사로잡힌 사람은 자신의 인생을 내다보지 못한다. 또한 자신이 지닌 능력과 가능성을 간과한다. 인생이 활력을 잃는 것이다.

이때 희망의 치유가 필요하다. 희망은 단순히 낙관주의가 아니다. 희망은 인생의 비극적 측면을 간과하지 않는다. 요즘은 모든 것을 긍정적으로 보는 경향이 있다. 그런데 이러한 방법이 우울증을 앓는 사람에게는 독이다. 우울한 기분을 해소하기 위해 모든 것을 긍정적으로만 보는 세상에서는 우울증에 걸린 사람이 설 자리가 없다. 그들은 이런 단순한 방법이 도움이 되리라고 생각하지 않는다. 대입 시험을 치르고 우울의 나락에 떨어진 아들을 둔 어머니가 있었다. 한 친구가 근처에서 실시되고 있던 '긍정적 사고' 훈련에 아들을 보내라고 조언했다. 어머니는 아들이 치유되리라는 희망에 그곳으로 보냈다. 하지만 얼마 지나지 않아 아들은 자살했다. 긍정적 사고로 모든 문제를 해결할 수 있다고 확신하는 세상을 견뎌 내지 못한 것이다.

희망의 철학을 주창한 프랑스 사상가 가브리엘 마르셀 Gabriel Marcel은, 낙관주의자가 이 세상에 존재하는 불행과 악을 외면한다고 했다. 낙관주의자는 세상을 아주 편협하게 받아들인다. 불편한 사실은 배제하는 것이다. 희망은 다르다. 희망을 품은 사람은 고통과 상실이 함께하는 인생의 비극을 의식한다. 그러면서도 운명에 절망하지 않는다. 희망이 탈출구를 보여 준다.

바오로는 로마 신자들에게 보낸 편지에서 희망을 이야기한다. "사실 우리는 희망으로 구원을 받았습니다. 보이는 것을 희망하는 것은 희망이 아닙니다. 보이는 것을 누가 희망합니까? 우리는 보이지 않는 것을 희망하기에 인내심을 가지고 기다립니다"(로마 8,24-25). 희망은 우리 눈에 보이지 않는 것을 지향한다. 우울증에 걸리면 삶도, 삶의 기쁨도 보이지 않는다. 사방이 깜깜할 뿐이다. 희망은 보이지 않는 것을 보이게 한다. 마르셀이 말했듯, 희망이란 '당신을 위한 희망'이자 '당신에 대한 희망'이다. 우울증에 걸린 사람에게 희망은 특정한 일에 기대를 품지 않는 것을 의미한다. 우울증이 완전히 사라질 것이라고 기대하거나, 하느님이 당면한 문제를 해결하거나, 좋은 배우자를 보내 주거나, 만족스러운 일자리를 만들어 주실 것이라고 기대하지 않는 것이다. 우울증에 걸린 사람은 오히려 자신에게 희망을 걸고 자신을 위해 희망을 품어야 한다. 자신을 포기하지 않아야 한다. 자신에게 충실해야 한다. 그리고 하느님이 새로운 삶을 마련해 주실 것이라고 믿어야 한다. 우울증에 걸린 사람은 우울증을 겪는 가운데 삶을 발견하는 것과 삶의 역겨움이 변화하는 것을 희망해야 한다. 이렇게 희망하는 사람은 자신의 내면에서 눈에 보이지 않는 것을 본다. 우울증 저 깊은 곳에 빛이 있다. 죽음 저 깊은 곳에 생명이 있다. 희망은 지금까지 보지 못했던 가능성을 보여 준다.

우리는 시편에서 하느님에게 희망을 거는 사람들을 발견할 수 있다. 그들은 어떤 특정한 것을 기대하지 않았다. 그들은 하느님께서 절망과 역경에 빠진 사람의 운명을 변화시켜 주시리라고 믿었다. 시편의 기도자는 자신이 어떻게 해야 할지 하느님의 뜻에 맡겼다. 그는 확신했다. "내 영혼아, 오직 하느님을 향해 말없이 기다려라, 그분에게서 나의 희망이 오느니!"(시편 62,6). 한 노인이 인생을 되돌아보며 기도했다. "주 하느님, 당신만이 저의 희망이시고 제 어릴 때부터 저의 신뢰이십니다"(시편 71,5). 이렇게 기도하는 사람은 자신을 포기하지 않는다. 하느님을 느끼지 못할 때도 그분이 자신의 곁에 머무르심을 신뢰한다.

페어차일드는 희망은 혼자서 품을 수 없다고 했다. "희망은 타인과 나누는 체험이다. 우리는 홀로 갈망하고 소망하고 환시를 체험하지만, 참된 희망을 발견하기 위해서는 포용력 있는 상대가 필요하다. 희망은 누군가 우리에게 실제로 귀 기울일 때 생겨난다"(Fairchild 53). 요즘은 대화 상대가 없어서 우울증에 걸리는 사람이 많다. 시편에 나오는 사람들은 언제나 하느님 안에서 대화 상대를 찾아 고통과 희망을 털어놓았다. 이러한 고백이 그들에게는 우울증이 치유되는 것과 같았다. 분명 시편의 기도자는 우울증에 대해 알고 있었고, 기도를 통해 우울증을 적절히 다스릴 수 있었다.

10 성공의 정점에서 바람 소리를 들어라

프리드리히 니체Friedrich W. Nietzsche는 '성취의 우울'(Melancholie der Vollendung)을 이야기했다. 특정한 목표에 도달하기 위해 오랫동안 분투한 사람은 정작 목표에 이르렀을 때 행복보다는 나락에 빠지곤 한다. 지금까지 그들에게 삶의 의미는 목표를 추구하는 것이었다. 목표에 도달한 순간 미혹에서 깨어난다. 성공한 사람 가운데 죄책감을 느끼는 이가 많다. 성공에 큰 의미를 두지 않는 그리스도인은, 자신은 목표에 도달했는데 다른 사람은 그렇지 못했을 때 죄책감을 느낀다. 전쟁을 겪고 살아남은 사람은 죽은 사람에게 죄책감을 느낀다.

출산 후에 찾아오는 산후 우울증도 이런 우울증 가운데 하나다. 여성의 50~80%가 출산 당일 기분이 저하된다. 그들은 매우 예민하고 수시로 운다. 영국인은 이것을 '베이비 블루'Baby Blue라고 하고 독일인은 '통곡의 날들'(Heultage)이라고 한다. 자신의 이러한 모습을 부끄럽게 여기는 산모가 많다. 당연히 아이의 탄생을 기뻐해야 한다는 것이다. 하지만 출산 후 호르몬의 변화 때문에 산모들은 예민해지기 마련이다. '베이비 블루'는 저절로 사라진다. 그렇지만 산모의 10~20%는 우울증을 겪는다. "산후 우울증은 초산한 여성, 우울증 병력이나 가족력이 있는 여성에게 특히 빈번히 나타난다"(Hesse 63). 산후 우울증의 원인은 다양하다. 성공과 부담은 동전의 양면과 같다. 한편에는 탄생에 대한 기쁨이 다른 한편에는 양육에 대한 두려움이 있다. 일본에서는 산후 우울증의 발생 빈도가 현저히 낮다. 친정 엄마가 세 달 동안 산후 조리를 돕기 때문이다.

성경에는 성공의 정점에서 낙담의 나락으로 떨어진 예언자 엘리야 이야기가 나온다. 엘리야는 혼자서 바알의 예언자 450명과 맞서 싸워 승리했다. 백성들이 자신의

지시대로 바알의 예언자를 모두 죽였고, 자신의 기도대로 비가 내렸지만 엘리야는 성공을 만끽하지 못했다. 도리어 두려움과 실의에 사로잡혔다. 여왕 이제벨이 그의 목숨을 노렸기 때문이다. 엘리야는 바알의 예언자와 아합에 맞서 싸웠지만, 이제는 힘이 다했다. 한계에 도달한 것이다. 사람들은 난국을 멋지게 극복한 경영인에게 찬사를 보낸다. 하지만 어디선가 조용히 비판이 들려오기 마련이고 경영자는 곧 허물어진다. 그들은 온 힘을 다 써 버려서 기운이 바닥났다. 그들은 부정적인 메시지에 지나치게 민감하다. 커다란 농장의 관리자 한 분이 내게 자신은 정말 감사할 정도로 이상적인 직장에 다닌다고 말했다. 다만 문제는 불면증과 우울증이었다. 직장 생활에서 꿈꿔 왔던 모든 것이 이루어지자, 지금까지 간과했던 문제가 그의 발목을 붙잡았다. 우울한 기분과 무력감이었다. 우울증을 통해 그는 모든 것을 의지만으로 계획하고 실행할 수는 없다는 사실을 깨달았다. 아직도 그에게는 인생에서 살펴야 할 또 다른 영역과 욕구가 있었다.

엘리야는 우울증에서 도망치려고 했다. "엘리야는 두려운 나머지 일어나 목숨을 구하려고 그곳을 떠났다"(1열왕 19,3). 실제로 엘리야는 필사적으로 도망쳤다. 광야로 나아가 싸리나무 아래에 앉아 죽음을 청했다. "주님, 이것으로 충분하니 저의 목숨을 거두어 주십시오. 저는 제 조상들보다 나을 것이 없습니다"(1열왕 19,4). 광야에서 싸리나무 아래에 눕는 것은 자살 행위나 마찬가지였다. 엘리야는 더 살고 싶은 마음이 없었다. 자신이 다른 사람보다 나을 게 없다는 사실을 알게 된 것이다. 바알의 예언자와 싸웠던 자신이 그들과 똑같은 짓을 저질렀다는 사실을 깨달았다. 영적 여정을 가는 사람들은 금욕과 고행과 기도로 자신의 잘못을 고치려고 애쓴다. 하지만 결국 의지만으로는 다른 사람이 될 수 없다는 것을 깨닫는다. 성공의 정점에 섰을 때 느끼게 되는 자신의 어두운 면에 대한 환멸로 그들은 우울증에 걸린다.

성공의 정점에서 우울증에 걸리게 되는 또 다른 원인은 갑작스레 목표를 상실하는 것이다. 사람들은 늘 목표를 추구한다. 그렇지만 목표에 도달한 순간, 정상에 도착한 순간 눈앞의 풍경은 상상했던 만큼 아름답지 않다. 사람들은 어찌할 바를 모른다. 앞으로 나갈 수도, 그 자리에 서 있을 수도 없다. 그 순간 여러 의문이 떠오른다. "예전에도 이런 일이 있었나? 이제 무엇을 해야 할까? 정말 계속해서 싸울 필요가 있을까? 나는 지금까지 환상 속에 살았던 걸까? 분명 기뻐할 만한 일인데, 왜 하나도 기쁘지 않을까?" 사람들은 이런 자신과 세상을 납득하지 못한다.

우리는 예언자 엘리야 이야기에서 우울증을 치유하는 법을 깨달을 수 있다. 엘리야가 모든 것을 놓아 버렸다는 점은 여기서 논외로 하자. 엘리야의 생각이나 혼잣말은 받아들여지지 않았다. 천사가 다가와서 엘리야를 흔들며 말했다. "일어나 먹어라"(1열왕 19,5). 이것이 그렇게 세련된 치유법 같지는 않지만, 그래도 천사는 엘리야에게 음식을 먹으라고 했다. 천사는 엘리야가 낙담했기 때문에 부른 것이 아니다. 천사는 엘리야와 만나서 그를 자극하고 그가 내면의 힘과 접촉하게 했다. 엘리야는 천사가 준 물과 빵을 먹으며 스스로를 느껴야 했다. 천사는 엘리야에게 그 안에 있는 원천을 보여 주었다. 엘리야는 두려움과 낙담이라는 감정에 매달리는 대신 지금까지 자신을 살게 한 원천을 발견해야 했다. 여기서 우리에게 위로가 되는 점은 엘리야가 빵과 물을 먹고 나서 다시 누웠다는 사실이다. 겉으로 보기에는 치유되지 않은 것 같다. 하지만 천사는 인내심 있게 엘리야를 다시 흔들어 깨웠다. "일어나 먹어라. 갈 길이 멀다"(1열왕 19,7). 천사는 엘리야가 되누웠 다고 당황하지 않았다. 한 번 더 엘리야를 흔들어서 가야 할 길을 알려 주었다. 그 길은 성공의 길이 아니었다. 엘 리야는 광야로 더 깊숙이 들어가야 했다. 그곳에서 단식 하면서 자신을 만나고 자신의 본모습을 깨달아야 했다. 엘리야는 광야를 지나 하느님의 산 호렙에 이를 것이다. 천사는 엘리야에게 새로운 목표를 주었다. 이 목표는 또 다른 차원, 즉 영적 차원에 있다. 천사는 엘리야가 40일 동안 단식하며 광야를 가로지를 것이라고 믿었다. 이렇게 천사는 슬픔에 잠긴 엘리야를 끌어냈다.

하지만 치유는 아직 끝나지 않았다. 엘리야는 천사의 지시에 따라 하느님의 산 호렙에 이르렀다. 엘리야는 안 전한 곳을 찾아 동굴에서 밤을 지냈다. 동굴은 자궁을 상 징한다. 말하자면 엘리야는 어머니 자궁으로 돌아가고자 했던 것이다. 그때 천사가 아니라 하느님이 엘리야에게 직접 말씀하셨다. "엘리야야, 여기에서 무엇을 하고 있느 냐?"(1열왕 19,9). 엘리야가 이제 예언자라고는 자기 혼자 남았는데 사람들이 자기마저 죽이려 든다고 한탄하자, 하느님이 말씀하셨다. "나와서 산 위, 주님 앞에 서라"(1열왕 19,11). 하느님은 엘리야의 한탄을 듣지 않고 안전한 동굴에서 나오라고 하셨다. 어린애 같은 소리는 그만두고 어머니에 대한 의존에서 벗어나라고 요구하시는 것이다. 엘리야는 삶을 직면해야 했다. 자신을 향해 부는 거센 바람과 눈앞에 닥친 갈등에 맞서야 했다. 엘리야는 하느님이 그와 직접 만나시는 산 위에 서야 했다. 하지만 크고 강한 바람이나 불이나 지진 속이 아니라, 조용하고 부드러운 바람의 소리 가운데 서야 했다(1열왕 19,11-12 참조). 엘리야는 지금까지 견뎌 온 싸움에서 물러나서 고요함 속에서 하느님의 침묵에 귀 기울여야 했다.

우리는 엘리야의 이야기를 이렇게 이해할 수 있다. 성공의 정점에서 우울증에 걸린 사람은 먼저 자신의 본모습을 직면해야 한다. 성공만 좇다가 간과하고 배제하고 억압한 모든 것을 이제 살펴야 한다. 그리고 성공에 대한 환상에서 깨어나야 한다. 둘째 단계는 자신의 원천을 발견하는 것이다. 목표만을 바라보는 대신 내가 지금까지 무엇으로 살았는지, 부모에게 무엇을 힘의 원천으로 물려받았는지 자문해야 한다. 셋째 단계는 계속 길을 걷는 것이다. 성공의 길에 앞장서거나 출세의 사다리를 타는 것이 아니다. 우리에게는 내적 · 영적 목표가 필요하다. 외적 성공에는 한계가 있다. 더 많은 지식과 돈, 더 높은 지위를 얻으려고 해도 끝이 있기 마련이다. 내 안에 꽉 막혀 있는 것을 다시 흐르게 하려면 다른 길을 찾아야 한다. 무력과 탈진에 시달리면서도 하느님을 찾으려면 그분에게로 가는 길에 서야 한다. 그러면 하느님이 이사야서에서 당신을 신뢰한 사람에게 한 약속을 체험하게 될 것이다. "젊은이들도 피곤하여 지치고 청년들도 비틀거리기 마련이지만 주님께 바라는 이들은 새 힘을 얻고 독수리처럼 날개 치며 올라간다. 그들은 뛰어도 지칠 줄 모르고 걸어도 피곤한 줄 모른다"(이사 40,30-31).

11 자신에 대해 아니라고 말하지 마라

인지행동치료에 따르면 부정적 자기대화가 우울증을 강화한다. "우울증에 걸린 사람은 지속적이거나 일시적으로 자신과 자신의 미래를 부정적으로 생각한다. 부정적 자기대화를 통해 우울한 기분과 무감각한 정서 상태가 심화된다"(Fairchild 23). 이러한 자기대화는 흔히 무의식적으로 이루어진다. 우울증에 걸린 사람은 모든 외적 사건에 대해 아주 짧은 순간에 해석을 내리고 자기대화를 한다. '속수무책이야. 되는 일이 없어. 나는 절대 아무 일도 할 수 없어. 나는 잘될 리가 없어'라며 혼잣말을 한다. 행동치료를 하는 심리학자들은 우울증에 걸린 사람이 자기대화를 의식하게 하고, 그들의 판단이 얼마나 비합리적인지 보여 주려고 한다. 심리학자들은 다음 세 가지 측면을 구별하도록 돕는다.

"첫째는 사건 자체, 둘째는 사건에 대한 자신의 생각과 해석과 자기대화, 셋째는 그에 따르는 정서적 반응"(Fairchild 24)이다. 우리는 사건 자체가 우리를 어렵고 힘들게 만든다고 한다. 우리가 내리는 해석이 작은 일을 큰일로 부풀리고, 엄청난 불행처럼 보이게 만든다는 사실을 깨닫지 못하는 것이다. 우리의 자기대화를 들여다보면, 우리가 모든 것을 부정적으로 보고 스스로를 수시로 비하하고 있다는 것을 알 수 있다. 부정적 사고는 우울증을 유발하거나 강화한다. 따라서 사고방식을 다루는 일은 매우 중요하다. 그런데 여기서 관건은 단순히 부정적 사고를 긍정적 사고로 대체하는 것이 아니라, 부정적 사고와 대화하는 것이다. 우리는 부정적 사고를 인정함으로써 그것을 상대화할 수 있다. 예컨대 '나는 되는 일이 없어'라고 부정적으로 사고하고 있다면 정확히 무슨 일이 되지 않았는지, 그럼에도 잘된 일은 무엇인지 물을 수 있다. 그러면 되는 일이 없다는 판단이 사실과 다르다는 것을 알 수 있다. 삶을 다른 눈으로 보게 되는 것이다. 이것이 우울증을 완화하고 치유하는 유일한 방법은 아닐지라도, 여러 면에서 큰 도움이 되는 것은 틀림없다.

특히 예언자 예레미야의 한탄은 부정적 자기대화의 중요한 예다. 예레미야는 자신에 대해, 때로는 자신에게도 '고백'했다. 이런 자기대화는 예레미야서 15장에 나와 있다. "아, 불행한 이 몸! 어머니, 어쩌자고 날 낳으셨나요? 온 세상을 상대로 시비와 말다툼을 벌이고 있는 이 사람을. 빚을 놓은 적도 없고 빚을 얻은 적도 없는데 모두 나를 저주합니다"(예레 15,10). "저는 웃고 떠드는 자들과 자리를 같이하거나 즐기지 않습니다. 오히려 저를 가득 채운 당신의 분노 때문에 당신 손에 눌려 홀로 앉아 있습니다. 어찌하여 제 고통은 끝이 없고 제 상처는 치유를 마다하고 깊어만 갑니까? 당신께서는 저에게 가짜 시냇물처럼, 믿을 수 없는 물처럼 되었습니다"(예레 15,17-18). 첫째 한탄은 순수한 혼잣말인 반면 둘째는 하느님에게 드리는 청이다. 예레미야는 하느님에게 실망을 드러냈다. 바로 여기에 사고가 변화할 수 있는 여지가 있다. 하느님은 예레미야에게 답하셨다. 하지만 그 대답은 우리 생각과 달랐다.

"네가 돌아오려고만 하면 나도 너를 돌아오게 하여 내 앞에 설 수 있게 하리라. 네가 쓸모없는 말을 삼가고 값진 말을 하면 너는 나의 대변인이 되리라"(예레 15,19). 하느님은 예레미야의 한탄을 전혀 받아 주지 않으셨다. 연민하지도 동정하지도 않으셨다. 냉정히 요구하실 뿐이었다. 예레미야는 계속 한탄하는 대신 하느님에게 돌아가야 했다. 그래야 처지가 달라질 수 있었다. 하느님은 평탄하고 성공한 삶을 약속하지 않으셨다. 그렇다. 하느님은 예레미야에게 계속해서 비방과 박해를 겪을 것을 요구하신다. 하지만 이렇게도 약속하신다. "그러므로 이 백성에게 맞서 내가 너를 요새의 청동 벽으로 만들어 주리라. 그들이 너를 대적하여 싸움을 걸겠지만 너를 이겨 내지 못하리라. 내가 너와 함께 있어 너를 구원하고 건져 낼 것이기 때문이다"(예레 15,20). 예레미야가 자신이 처한 상황을 달리 해석한다면, 그 상황도 그렇게 끔찍하지 않을 것이다. 하느님이 예레미야에게 일러 주신 해석은 이렇다. '내가 너와 함께하며 너를 돕고 구한다. 이것을 믿을 때 네 상황은 변하리라. 더는 삶을 재앙으로 체험하지 않으리라. 외부의 위협이 그렇게 거대해 보이지 않으리라.'

예레미야서 20장의 고백은 하느님의 치유가 결실을 맺었음을 보여 준다. 예레미야는 하느님에게 곤경을 한탄했다. 하지만 그에게는 하소연할 대상이 있기에 곤경을 이겨 낼 희망이 내면에 싹텄다. "주님, 당신께서 저를 꾀시어 저는 그 꾐에 넘어갔습니다. 당신께서 저를 압도하시고 저보다 우세하시니 제가 날마다 놀림감이 되어 모든 이에게 조롱만 받습니다"(예레 20,7). 그렇지만 이러한 한탄은 바뀌어 예레미야는 안정을 되찾았다. "그러나 주님께서 힘센 용사처럼 제 곁에 계시니 저를 박해하는 자들이 비틀거리고 우세하지 못하리이다. 그들은 성공하지 못하여 크게 부끄러운 일을 당하고 그들의 수치는 영원히 잊혀지지 않으리이다"(예레 20,11). 15장에 나온 하느님의 말씀을 예레미야가 깨닫고 체험하게 된 것이다. 그는 하느님이 곁에 계시다고 믿게 되었고, 이런 믿음을 통해 자신이 곤경을 극복하고 있다는 확신과 사람들의 조롱은 아무것도 아니라는 확신을 얻었다. 예레미야는 자신의 처지와 사람들의 조롱을 달리 해석하게 되었다. 동족들의 경멸에 흔들리지 않고, 사람들의 모욕에 휘둘리지 않으며, 하느님이 자신을 보호하고 지지하신다는 것을 알게 되었다.

예언자 예레미야의 고백은 우리에게 우울증을 치료하는 방법을 알려 준다. 우리는 속에 담아 두기만 하는 생각을 모두 표현해야 한다. 골머리를 앓다 생각에 빠져서 헤어 나오지 못하는 것보다는 이성적이지 않은 생각이라도 가끔씩 크게 내뱉는 것이 도움이 된다. 우리는 이런 생각을 내 입에서 나온 목소리로 들음으로써 그것이 과장되고 비현실적이라는 것을 깨닫는다. 둘째 단계는 이런 생각을 하느님에게 이야기하고 그분과 대화를 나누는 것이다. 이때도 큰 소리로 기도하는 것이 도움이 된다. 당연히 친구나 성직자, 치료사와 대화하는 것도 좋다. 우리 인식은 다른 사람과 대화를 나눔으로써 변화한다. 셋째 단계는 "주님께서 제 곁에 계시다"는 예레미야의 고백이나 "주님께서 나를 위하시니 나는 두렵지 않네. 사람이 나에게 무엇을 할 수 있으랴?"(시편 118,6)는 시편 구절에 의지하는 것이다. 이 말씀을 소리 내어 말하더라도 금방 확신이 들지는 않을 것이다. 아직도 그 말씀이 진실인지 의심하게 된다. 이런 의심은 억압하지 않아도 좋다. 그렇지만 스스로에게 이렇게 말할 수 있다. '의심은 잠시 내일로 미룬다. 오늘은 한번 이 말씀이 옳은 것처럼 행동해 본다. 이

말씀이 진실이라고 생각하며 살아 본다. 이렇게 시도해 보며 내게 어떤 일이 생기는지 살핀다.'

우울증에는 백약이 무효하다고 원망하는 사람들이 있다. 기도나 신앙도, 묵상이나 치료도 모두 소용없다는 것이다. 성경 말씀 하나에 의지해서 그 말씀이 진실인 것처럼 행동해 보는 방법은, 기도하자마자 도움을 받아야 한다는 압박에서 우리를 자유롭게 한다. 하지만 이것이 신앙을 저버리거나 기도를 하지 않는 구실이 되어서는 안 된다. 물론 반드시 신앙을 가지거나 기도를 드려야 하는 것은 아니다. 그저 성경의 말씀대로 일상을 살아 보고 내가 어떻게 되는지 관찰해 보는 것이다. 물론 이 방법이 모든 사람에게 도움이 되지는 않을 것이다. 하지만 부정적 사고와 파괴적 자기대화에 빠졌을 때 삶을 다른 시각에서 바라보는 데는 도움이 된다. 우리는 이렇게 얻은 새로운 인식으로 다른 기분을 느끼게 된다.

그렇지만 우울증에 걸린 사람은 신앙을 갖거나 신앙이 있는 것처럼 행동하는 것이 어려울 수 있다. 혼자 힘으로 믿기 힘들 때는 다른 사람과 믿음을 나누는 것이 도움이 될 수 있다. 우리 수도원에는 성무일도에 참석하는 방문자가 많다. 그들은 믿음이 있거나 시편을 함께 바치려고 오는 것이 아니다. 시편 말씀을 낯설어하는 사람이 많지만, 그들은 우리가 합창하는 동안 성당에 앉아 우리의 믿음에 동참한다. 우리가 바치는 기도에 깊이 잠겨 자신을 맡긴다. 그들은 우리가 성무일도를 바치는 동안 많은 것을 생각하지는 않는다고 한다. 그들은 좋은 기운으로 충만해짐을 느낀다. 직장에서 숱한 갈등을 겪고 있는 한 남성이 말했다. "30분 동안 시편 합송을 듣고 나면 보호막으로 둘러싸인 기분입니다." 우울증에 걸린 사람과 함께할 때는 그들이 믿음을 얻어야 한다는 부담을 그들은 물론 우리도 느끼지 않아야 한다. 때로는 그들을 대신해 우리가 믿음을 가지는 것이 도움이 된다. 우리는 그들에게 우울증이 사라질 것이라고 확신해야 한다. 하느님의 현존이 곤경에 처한 그들을 감싸 치유하고, 우울증으로 마비된 그들의 내면이 언젠가는 풀리리라고 신뢰해야 하는 것이다.

12 버리고 떠났거든
뒤돌아보지 마라

융은 우울증이 주로 중년기에 나타난다고 보았다. 우울증은 새로운 길을 걷게 하는 자극이자 내면으로 향하게 하는 자극이다. 하지만 앞으로 나아가지 않으려는 사람이 많다. 그들은 과거에 얽매여 지금까지 살아온 방식대로만 살려고 한다. 그렇게 살다 보면 언젠가는 내면이 굳어 버린다. 그런데도 일에만 매달린다. 융에 따르면, 그들은 내면의 공허를 감추고 앞으로 나아가지 않으려고 정신없이 활동한다. 공허한 현재를 회피하려고 젊은 시절에 이룬 업적을 무시로 이야기한다. 우울증은 중년에만 찾아오는 것이 아니다. 은퇴나 배우자와의 이별 같이 인생이 새로운 국면을 맞는 경우에도 찾아온다. 이때 중요한 것은 슬픔을 몸소 감내하고 앞으로 발걸음을 내디뎌 새로운 활력을 찾는 것이다.

성경에는 과거에서 벗어나지 못한 사람에 대한 이야기가 나온다. 하느님은 소돔의 죄악이 갈수록 커져서 소돔을 멸망시키고자 하셨다. 두 천사가 소돔에 사는 롯을 방문했다. 롯은 그들을 친절하게 맞아들이고 대접했지만, 소돔의 사내들은 주인의 권리를 남용해 두 손님을 강간하려 했다. 롯이 사내들을 가로막았다. 하지만 사내들은 롯에게 달려들어 문을 부수려 했다. 두 천사는 사내들의 눈을 멀게 하고 롯과 그의 아내와 두 딸의 손을 잡고 소돔을 빠져나와 말했다. "달아나 목숨을 구하시오. 뒤를 돌아다보아서는 안 되오. 이 들판 어디에서도 멈추어 서지 마시오"(창세 19,17). 마침내 롯 가족이 안전한 초아르에 다다르자, 하느님은 불과 유황을 소돔과 고모라에 퍼부으셨다. "그런데 롯의 아내는 뒤를 돌아다보다 소금 기둥이 되어 버렸다"(창세 19,26).

우울증을 염두에 두고 이 이야기를 살펴보면 소돔은 더 이상 지속될 수 없는 삶을 상징한다. 새로운 삶을 살려면 그런 삶은 불태워야 한다. 프리드리히 바인레프는 소돔을 "내 것은 내 것, 네 것은 네 것"(Weinreb, *Schöpfung* 532)이라는 원칙이 지배하는 세상이라고 보았다. 내 것과 네 것이 양립할 수 없는 것이다. 그래서 소돔은 손님을 맞아들이지 않고 낯선 사람, 새로운 사람과 하나가 되지 않는다. 소돔은 새것을 받아들이지 않고 옛것에만 머무르려고 하는 세상을 의미한다. 심리학 개념으로 표현하자면 소돔은 우리가 벗어나야 하는 '생의 전반기'를 상징한다. 언제까지고 지금껏 살아왔던 대로 살아가며, 무의식에서 일어나서 의식을 요구하는 새것을 막을 수는 없다. 우리는 죄를 지을 수도 있다. 우리 자신과 우리의 본모습을 간과한 채 살아갈 수도 있다. 의무에 소홀할 수도 있다. 소돔은 시대에 뒤떨어진 곳이었다.

하느님은 소돔을 새로운 삶으로 초대하고자 천사를 보내셨다. 예부터 천사는 꿈의 전령이다. 하느님이 우리에게 일으키고자 하시거나 권하시는 새로움은 흔히 꿈으로 전달된다. 하지만 소돔 사람들처럼 폭력적으로 저항하며 하느님의 전령을 붙잡아 소유하려 든다면 우리도 눈이 멀 것이다. 옛것에서 벗어나지 못하면 몰락한다. 벗어난 뒤라도 뒤돌아보며 아쉬워하면 소금 기둥이 되고 만다. 우울증은 과거를 돌아보는 것이다. 과거는 우리를 무력하게 만들어 앞으로 내딛지 못하게 한다. 사람들은 때때로 옛 것을 놓아 버리고 하느님이 약속하신 새로운 땅으로 들어갈 준비가 되어 있지 않아서 우울증에 빠지곤 한다.

이렇게 우울증은 자신을 넘어서라는 권유로 받아들일 수 있다. 융은 종교가 중년을 진정으로 치유한다고 보았다. 종교는 "우리가 보고 행동하고 존재하는 양식 이면에 숨어 있는 의미에 천착하게"(Fairchild 38에서 재인용) 한다. 종교의 과제는 이기적 바람과 목표를 넘어서는 것이다. 성경에서 천사는 롯과 그의 가족을 자그마한 성읍 초아르로 이끌었다. 겉으로 보면 삶의 폭이 더욱 좁아지는 것이다. 우리는 내면에 있는 풍요로움을 발견해야 제대로 살 수 있다. 중년에 접어들면 우울증을 겪기 마련이다. 우울증은 알을 품는 시기로 이해할 수 있다. 우리 내면에 새로움이 나타나고 지금껏 경험하지 못한 것들이 깨어난다. 많은 작가가 우울증을 겪는 시기를 원동력으로 삼아 새로이 성장했다. 레프 톨스토이Lev N. Tolstoi는 내면의 저 깊은 곳에서 무언가를 발견할 때까지 깊은 우울의 늪을 건너야 했다. 톨스토이가 발견한 것은 그와 그의 주위 사람에게 새롭고 중요한 메시지였다. 우울증은 이런 의미에서 심리학자 프레더릭 플래치Frederic Flach가 말한 것처럼 일생일대의 기회이기도 하다. 플래치는 "급성 우울증이 우리에게 도움이 되는 점"을 이야기한다. "우울증은 오랫동안 유지해 온 자기 파괴적 태도를 되돌아보게 한다. 이제는 낡은 태도를 규명하여 처리해야 한다. … 거대한 꿈이나 비현실적 목표를 좇거나, 다른 사람의 인생을 좌우하려는 수고는 우울한 기분으로 중단된다. 이것은 무의미하게 기력을 소모하는 일을 멈추게 하고, 우리에게 회복할 시간과 인생 목표에 숙고할 시간을 마련해 주는 자연스런 본성이다"(Fairchild 72 이하에서 재인용).

롯은 소돔에서 머무르는 것이 자신을 파괴하는 일임을 깨달아야 했다. 소돔은 파괴되었다. 그곳에 계속 있었다면 롯도 파멸했을 것이다. 삶의 중반에 엄습하는 우울증은 우리에게 지금까지 외적인 삶에 쏟았던 에너지를 내면으로 돌리라고 요구한다. "우울증은 우리를 외부의 것에 거리를 두고 내면에서 일어나는 것에 집중하게 만든다"(같은 책 73). 우리가 우울증을 통해 우리 내면으로 가는 길,

즉 영혼의 심연으로 가는 길을 걸을 채비를 하지 못하고, 이미 떠나 버린 것을 되돌아본다면 우리 내면은 딱딱하게 굳을 것이다. 그러면 우리는 지금까지 해 온 낡은 역할을 그대로 반복하며 살 것이다. 하지만 그런 모습은 이미 공허하다. 우리는 우리 자신은 물론 주위 사람들도 만나지 못한다. 낡은 역할만 답습할 뿐이다. 우리는 내면의 공허를 두려워하기 때문에 그만큼 더 힘들고 요란스럽게 낡은 역할을 수행하며 살아갈 것이다. 본디 우리 인생에서 양념이어야 할 소금이 아무짝에도 못 쓰는 기둥이 되는 꼴이다.

13 잘못을 땅에 묻고 꽃을 심어라

우울증에 걸린 사람은 흔히 죄책감에 시달린다. 주위에서 일어나는 갈등을 모두 제 탓으로 여긴다. 특히 어느 정도 나이가 있는 사람의 경우에는 우울증의 주된 특징이 바로 죄책감이다. 그들은 인생을 되돌아볼 때마다 잘못했던 것들만 생각한다. 죄책감으로 괴로워하며 자신이 죽일 놈이라고 자책한다. 한 번 잘못한 일은 바로잡지 못한다고 생각한다. 그들은 용서를 믿지 못한다. 자신의 죗값은 자신이 치러야 한다는 내면의 규율을 따르기 때문이다. 그들은 젊은 날의 과오를 과장해서 받아들인다. 그들은 그들 자신과 용서를 믿도록 도우려는 성직자에게 이렇게 말한다. "저는 나쁜 인간입니다. 행복할 자격이 없는 인간입니다. 저는 죗값을 치르게 되어 있습니다"(Fairchild 32).

그리스도인 가운데는 하느님에 대해 부정적인 상을 지닌 사람이 많다. 그들은 죄책감에서 벗어나지 못한다. 우울한 기분도 죄스럽게 여긴다. 그들은 그리스도인으로서 마땅히 즐겁게 살아야 하고 예수 그리스도의 구원을 기뻐해야 한다. 하지만 자기 비난 때문에 우울증에서 벗어나기는커녕 더 깊이 빠진다. 실제로 죄를 짓지 않고도 죄책감을 느끼는 것을 병리적 죄책감 또는 신경증적 죄책감이라고 한다. 이런 죄책감에 시달리는 사람은 대개 성경을 읽지 못한다. 죄를 언급한 부분만 자꾸 눈에 띈다. 성경을 읽고 나면 마음이 더 무거워진다. 강론을 듣거나 성가를 부를 때면 죄에 대한 말씀에만 신경이 쓰인다. 그들은 스스로를 혹사하거나 파괴함으로써 죄책감을 숨긴다. 살기 위해 몸부림치는 것이다. 그들은 자신에게 어떠한 만족도 허락하지 않는다. 지독한 고행을 대가로 죄에서 벗어나려고 한다. 신앙에 뿌리를 두면 보통은 우울증에 걸리는 일이 덜하지만, 신앙이 우울증을 유발하는 경우도 있다. 신앙이 끊임없이 죄를 언급하면서, 우리가 나쁜 죄인이고 매 순간 죄를 짓고 있다고 메시지를 전하는 것이다. 구성원에게 죄책감을 심어 주는 신앙 집단에서 성장한 사람은 신앙이 깊으면 깊을수록 더 우울하다. 예수의 메시지는 용서다. 예수는 우리 내면의 냉혹한 심판관과 쉼 없이 단죄하는 엄격한 초자아에서 우리를 해방하기 위해 자비롭고 너그러운 하느님의 사랑을 전했다.

자신의 죄를 억압해서 우울증에 시달리는 사람도 있다. 그들은 실제로 죄를 지었지만 직면하지 않는다. 다른 사람들도 마찬가지라면서 스스로를 위로한다. 페어차일드는 무기력과 의욕 상실, 일에 대한 무관심을 호소하는 한 사업가의 사례를 들었다. 사업가는 상담이 몇 차례 진행되자 여직원과 바람을 피웠다고 털어놓았다. 그는 바람이 우울증과 완전히 무관하다고 했다. 혼외정사를 하는 사람이 많으니 그렇게 특별할 것도 없다는 이야기였다. 상담이 조금 더 진행된 후에야 "그는 자신에게 죄책감이 있음을 깨닫고 혼외 관계를 정리하기로 결심했다. 그러자 우울증도 사라졌다"(Fairchild 31). 때때로 우울증은 억압된 죄책감을 보여 준다. 이때 우리가 해야 할 일은 죄를 직면하고 용서를 믿는 동시에 삶을 회복하는 것이다.

앞서 언급한 뤼디 요주란은 우울증에 시달렸을 때 느꼈던 죄책감에 대해 이렇게 말한다. "우울증을 앓는 동안 죄책감이 너무 컸다. 사람들은 완전히 비현실적인 감정인데도 자신에게 어떤 잘못이 있다고 느낄 때가 있다. 나는 주위의 모든 불화에 대해 책임감 내지는 죄책감을 느꼈다"(Josuran/Hoehne/Hell 144). 요주란은 열다섯 살 때 어느 작은 교회 모임에 참석했는데, 사람들은 그곳에서 우리의 잘못과 이를 처벌하시는 하느님에 대해 끊임없이 이야기했다고 한다. 이렇게 사람들은 온갖 근심과 걱정으로 죄책감을 느낀다. 자신의 어두운 면과 화해하는 대신 스스로를 단죄한다. "죄책감은 정말 파괴적인 영향력을 행사할 수 있다. 그것은 산酸처럼 뇌에 파고든다"(Josuran 145). 우울증에 걸린 부모들은 좋은 엄마 아빠가 되지 못했다고 죄책감을 느끼곤 한다. 그들이 모든 책임을 질 필요는 없다고 아무리 설명해도 납득하지 못한다. 아들에게 죄책감을 느끼는 엄마가 있었다. 그녀는 친구들에게 이런 감정을 털어놓곤 했고 친구들은 그녀의 죄책감을 없애 주려고 했다. 그녀는 말했다. "우울증이 심할 때는 자신에게 잘못이 없다는 말을 믿을 수 없어요"(같은 책 146).

시편을 보면 죄에서 헤어나지 못하는 사람들이 나온다. 그들의 자기 비난은 때때로 지나친 것 같다. 시편 38장에서 기도자는 한탄한다. "저의 죄로 제 뼈는 온전한데 없습니다. 저의 죄악들이 제 머리 위로 넘쳐흐르고 무거운 짐처럼 저에게는 너무나 무겁습니다. 저의 미련함 때문에 제 상처는 냄새 피우며 썩어 갑니다. 저는 더없이 꺾이고 무너져 온종일 슬피 떠돌아다닙니다. 저의 허리는 염증으로 가득하고 저의 살은 성한 데 없습니다. 저는 쇠약해지고 더없이 으스러져 끙끙 앓는 제 심장에서 신음 소리 흘러나옵니다"(시편 38,4-9). 기도자는 자신이 죄를 저질러 병에 걸렸다고 생각하면서 그 자신과 자신의 육체를 부정적으로 받아들였다. 그 죄는 기도자를 억압하는 데 그치지 않고 기도자의 육체를 염증으로 뒤덮었다. 그 병든 육체는 기도자가 저질렀다고 생각하는 부정한 행동과 마찬가지로 거부당했다.

여기서 치유의 첫걸음은 기도자가 '그 자신'과 '죄책감으로 생긴 자신의 고통'을 하느님 앞에서 드러내면서 시작된다. 기도자는 고통 속에서 하느님을 찾았다. 기도자는 하느님이 그를 보시고 그가 처한 현실을 올바로 평가

하시기를 희망했다. 그리고 그가 하느님 앞에서 자신에 대한 새로운 인식을 발견하기를 희망했다. 기도자는 죄책감 안에 숨어 있는 갈망, 즉 하느님에게 온전히 사랑받고 스스로를 사랑하기 바라는 갈망과 만났다. 그는 이렇게 기도했다. "주님, 당신 앞에 저의 소원 펼쳐져 있고 저의 탄식 당신께 감추어져 있지 않습니다"(시편 38,10). 기도자는 하느님에게 악인들 때문에 겪은 고통과 친구와 이웃들의 외면으로 겪은 괴로움을 다시금 말했다. 하지만 기도자는 그 곤경 한가운데서 고백한다. "그러나 주님, 저는 당신께 바랍니다. 주 저의 하느님, 당신께서 대답해 주시리이다"(시편 38,16).

죄책감으로 내면에 깊은 상처를 받은 사람과 함께할 때, 그 감정을 대수롭지 않게 여기는 것은 도움이 되지 않는다. "그렇게 죄스러워할 필요 없어. 네 잘못이 아니야"라고 말하는 것도 마찬가지다. 이렇게 반응하게 되면 우울증에 걸린 사람은 상대방이 진지하게 받아들이지 않는다고 느낀다. 반드시 우리는 그들의 죄책감을 진지하게 수용해서 그 감정에 대해 대화해야 한다. 그들이 죄책감을 이야기할 수 있을 때 대화를 나누는 동안 새로운 인식이 일어난다. 이런저런 상황에 대한 책임이 오로지 자신에게 있지는 않다는 것을 갑작스레 깨닫는 것이다. 그러면 죄책감이라는 감정 위로 다른 감정들이 떠오를 것이다. 뜻하는 대로 살지 못하는 무력감, 이상을 실현하지 못하는 자신에 대한 분노, 미약한 자존감, 하느님에 대한 실망, 우월한 사람에 대한 시기, 모든 일을 잘하려는 공명심, 죄책감을 심어 준 부모에 대한 원망 등을 느끼는 것이다. 이런 감정들에 대해 대화를 나누다 보면 죄책감을 객관적으로 바라보게 된다. 그런 다음에야 하느님의 용서를 말할 수 있고, 오래전부터 그들을 짓누르고 있는 무거운 죄책감을 내려놓으려면 스스로를 용서해야 한다는 것을 이야기할 수 있다.

스스로를 용서하는 것은 우울증에 걸린 사람에게 무엇보다 힘든 일이다. 그러니 그저 용서하라고 단순히 요구하는 것은 별로 도움이 되지 않는다. 끊임없는 자기 비난에서 벗어날 수 있는 좋은 방법은 예식이다. 여기서 예식은 사제가 예수의 권능으로 용서를 베푸는 성사를 말한다. 하지만 고해성사를 받을 수 없는 사람도 있기에 다른 방법을 사용할 수도 있다. 돌에 죄책감이나 부담감에 대해 적거나 그려서 호수나 강에 힘껏 던지는 것도 좋고, 종이에 스스로를 비난하는 내용을 써서 불태우는 것도 좋다. 아니면 자신의 잘못을 상징할 만한 물건을 땅에 묻고, 그 위에 꽃이나 나무를 심을 수도 있다. 그들은 그곳에서 자라난 꽃과 나무를 보며 지나간 잘못을 파헤치는 기억이 아니라, 영원히 묻어 두었다는 기억을 떠올릴 것이다. 죄와 잘못이 변화하여 결실을 맺고 다른 이들에게 축복이 된 것이다.

14 영혼의 뿌리를 찾아라

다니엘 헬은 막 의사가 되었을 때만 해도 죄책감을 우울증의 원인으로 보았지만, 지금은 다르다고 한다. 헬은 현대인들이 우울해진 이유를 '뿌리의 상실'에서 찾는다. 곧잘 거처를 옮겨야 하는 사회에서 사람들이 뿌리를 잃었다고 느끼게 된다는 것이다. 이제 사람들은 그 어느 곳에도 정착해서 뿌리내리지 못한다. 자신이 심은 나무가 얼마 지나지 않아 다시 뽑힐지도 모른다고 두려워한다. 그래서 외적 고향은 물론이고 내적 고향도 잃었다. 우울증은 도움을 구하는 영혼의 절규다. 우리 영혼은 건강한 뿌리, 삶을 세울 토대, 보살핌을 받을 고향을 찾아 부르짖는다.

우르줄라 누버는 직장 때문에 이곳저곳으로 옮겨 다녀야 하는 상황이 인간관계와 영성에 미치는 영향을 이렇게 말했다. "거주지 이전은 지속적인 우정과 인간관계를 형성하고 유지하는 것을 점점 더 어렵게 만든다. 매번 처음부터 새로 시작해야 하는 사람에게는 지금 만나고 있는 사람들과 함께한 과거가 없다. 안정과 신뢰를 느끼게 하는 공통의 이야기가 없다"(Nuber 29). 정서적으로 뿌리를 잃은 상태는 우울증을 유발하는 온상이다. 누버는 철학자 요아힘 리터Joachim Ritter의 말을 인용해서 "미래는 유래由來가 있어야 한다"고 했다. 다른 사람과 함께한 과거가 없는 사람이나 정체성의 일부를 잃어버린 사람은 주위에서 일어나는 끝없는 변화에 힘들어한다. 점점 빠르게 변화하는 세상에서 우리에게 필요한 것은 정체성을 지켜 줄 건강한 뿌리다. 그 뿌리는 우리의 생명 나무(창세 2,9 참조)가 어디에서 힘을 얻는지 보여 준다.

성경은 뿌리 잃은 사람에 대해 계속 이야기한다. 예언자 호세아가 에프라임에 대해 말했다. "에프라임은 찍히고 뿌리가 말라 열매를 맺지 못하리라"(호세 9,16). 하느님을 등져서 민족 전체가 뿌리를 잃었다. 그들은 속이 메말라 더 이상 열매를 맺지 못했다. 오늘날도 마찬가지다. 신앙적 토대가 약해질수록 우울증이 증가한다. 그래서 고향에서 뿌리를 찾는 것도 중요하지만, 결국에는 하느님에게서 뿌리를 찾는 것이 중요하다. 오직 자신에게서 힘을 얻는 사람은 언젠가 힘이 다하기 마련이다. 우리는 더욱 깊이 뿌리를 내려서 하느님에게 생명력을 얻어야 한다. 물론 하느님에게 뿌리를 내리는 데도 외적 형식이 필요하다. 우리는 어린 시절, 미사나 전례를 통해 하느님의 축복을 체험했다. 우울증에 걸린 사람은 공동기도와 전례가 큰 힘이 되었던 어린 시절의 체험을 떠올려야 한다. 영적 안정을 찾아 온갖 종교를 전전하지만 정작 자신의 신앙적 뿌리는 잃어버린 사람을 나는 많이 보았다. 이제 그들이 다시 자신의 영적 뿌리를 찾는다. 그들은 영적 뿌리를 통해 자양분과 희망을 얻을 수 있다고 느낀다.

에프라임의 뿌리가 마른 것은 그들이 하느님을 등진 탓도 있지만 자신들의 과거와 단절한 탓도 있다. 민족에는 역사와 연속성이 있다. 에프라임의 신앙 전통은 그들의 일부다. 그들은 자신들의 신을 찾겠다며 신앙 전통과 역사를 버렸다. 역사를 잊는 것은 뿌리를 잃는 것이다. 때때로 우울증은 개인의 역사나 가족의 역사, 조국의 역사와 맞닿으려는 영혼의 절규다.

예수는 씨 뿌리는 사람의 비유로 뿌리 잃은 사람에 대해 이야기했다. 씨를 뿌리자 어떤 것은 길에 떨어졌다. "어떤 것들은 흙이 많지 않은 돌밭에 떨어졌다. 흙이 깊지 않아 싹은 곧 돋아났지만, 해가 솟아오르자 타고 말았다. 뿌리가 없어서 말라 버린 것이다"(마태 13,5-6). 제자들이 비유의 의미를 묻자 예수가 답했다. "돌밭에 뿌려진 씨는 이러한 사람이다. 그는 말씀을 들으면 곧 기쁘게 받는다. 그러나 그 사람 안에 뿌리가 없어서 오래가지 못한다"(마태 13,20-21). 예수는 여기서 어떤 일에 성급히 달려드는 사람과, 설교나 인생에 대한 새로운 가르침에 맹목적으로 반응하는 사람을 언급하고 있다. 그들은 인내심이 없다. 깊은 곳으로 뻗어 나가는 뿌리가 없다. 내면 저 깊은 곳을 두려워하는 것이다. 그들의 뿌리는 감정의 수준에 도달할 뿐, 더 깊이 내려가지 않는다. 이런 사람들은 감정이 변하면 금세 말라 버린다.

뿌리 잃은 사람을 위해 예수가 제시한 치유법은 무엇일까? 예수는 비유를 통해 좋은 땅에 떨어져 열매를 맺은 하느님의 말씀에 대한 믿음을 전했다. "어떤 것은 백 배, 어떤 것은 예순 배, 어떤 것은 서른 배가 되었다"(마태 13,8). 하지만 어떤 말씀은 돌밭에 떨어져 말라 버린다고 했다. 우리 내면을 깊이 들여다보면 우리 영혼에도 하느님의 말씀을 받아들여서 열매 맺을 기름진 땅이 있음을 알 수 있다. 그런데 우리는 예수의 말씀을 다른 의미로도 이해할 수 있다. 내 안에 떨어지는 하느님의 말씀도 중요하지만, 내가 스스로 뿌리를 내리는 것도 중요하다는 것이다. 깊이 뿌리내린 나무는 한곳에 선다. 우리에게도 마음 깊은 곳으로 내려가 머물 수 있는 곳이 필요하다. 그곳에서 우리는 저 깊은 곳에서 솟아오르는 예감과 갈망, 인생의 가장 중요한 물음에 대한 답에 귀 기울일 수 있다. 인생에 대한 답은 이미 우리 안에 들어 있다. 항상 밖으로만 구하러 다니고 다른 사람들이 말하는 것과 좇는 것에만 관심을 기울인다면, 우리 마음속에 있는 지혜와 만나지 못할 것이다.

우울증에 걸린 사람은 튼튼한 뿌리를 찾는 영혼의 외침에 귀를 기울여야 한다. 그러려면 먼저 고요해져야 한다. 고요는 멈춰 서는 것에서 시작한다. 고요해지고자 하는 사람은 멈춰 서야 한다. 인터넷이라는 정보의 고속도로에서 쉼 없이 질주하는 것을 멈추고, 마음 깊은 곳에서 자신을 찾아야 한다. 그들은 우울증 저 아래에서 신비가 숨 쉬는 공간과 제집처럼 편히 머물 수 있는 자리를 발견할 것이다. 그곳에서 그들은 영혼이 치유되는 모습을 만난다. 멈춰 선다는 것은 자신의 영혼과 가족의 역사에 내린 뿌리를 발견하기 위한 전제 조건일 뿐이다. 자신에게 있는 지혜의 뿌리와 만났을 때 그들은 인생의 맛을 되찾는다. 그들은 다시 인생을 맛본다. 오래전부터 사람들은 뿌리에서 약을 얻었다. 제 영혼의 뿌리와 만난 사람은 가족의 역사가 준비해 놓은 치유의 힘과 말씀과 의식을 발견한다.

예수는 집을 세워야 하는 반석을 이야기할 때 돌을 긍정적인 의미로 썼지만, 씨 뿌리는 사람의 비유에서 하느님의 말씀이 떨어지는 돌밭은 부정적인 의미로 보았다. 돌밭은 경직된 영혼을 나타낸다. 영혼이 돌처럼 딱딱하게 굳어서 하느님의 말씀이 들어오지 못한다. 그래서 우리의 과제는 하느님의 말씀이 속으로 들어와 열매를 맺도록 영혼의 토양을 부드럽게 만드는 것이다.

우리 피정의 집에는 몸과 마음이 지칠 대로 지쳐 자신을 위해 무엇인가 하기를 바라는 사제와 수도자들이 찾아온다. 우리는 피정자에게 자신의 생명 나무를 그려서 치료 시간이나 영성 상담 시간에 가져오라고 권한다. 각자가 그린 생명 나무는 그 사람에 대해 많은 것을 이야기한다. 여기서 뿌리의 상실, 깊은 상처, 말라죽거나 상처 입은 가지 같은 한 사람의 현재 상태를 살펴보는 것도 중요하지만, 더 중요한 것은 자신의 생명 나무를 묵상하고 더 깊이 뿌리내림으로써 나무를 굳건히 세우는 일이다. 그렇게 내린 뿌리는 나무가 메마르지 않도록 땅속 깊은 곳까지 뻗어서 물을 만난다. 어떤 피정자들은 숲에서 도움을 얻는다. 그들은 크고 오래된 나무 옆에 서서 자신의 뿌리를 땅속 깊이 내리는 상상을 한다. 그 뿌리는 자기 인생의 역사로 뻗어 가다가, 결국에는 가장 깊은 곳에 계신 하느님에게 이른다.

15 움켜쥔 그 손, 놓아 버려라

상실 체험만으로 우울증이 생기지는 않는다. 우울증은 케케묵은 소원에 집착하거나 인생에 환상을 품는 경우에도 생긴다. 우울증에 걸린 사람과 대화를 나누다 보면 비현실적 기준이 삶을 지배하고 있음을 알 수 있다. 한 여성이 내게 찾아와서, 얼마 전까지 인생을 잘 살아왔는데 갓 쉰이 된 지금 갑자기 우울증이 찾아왔다고 털어놓았다. 이야기해 보니 그녀는 엄마라는 역할에 지나치게 기대하고 있었고, 이런 기대는 우울증과 관계가 있음이 분명했다. 그녀는 두 아들에게 언제나 완벽한 엄마가 되려고 했다. 그녀가 생각하는 인생에는 완벽한 엄마가 있었다. 이런 바람이 자신을 힘겹게 한다는 사실을 인정할 수 없었기에 그녀의 영혼은 우울증으로 반응했다. 그녀는 나와 대화를 나누면서 처음으로 우울증에 대해 감사했다. 우울증에 걸리지 않았다면 아직도 자신에게 터무니없는 요구를 했을 것이다. 풍요로운 시대에 성장한 사람들은 자신의 인생이나 경력, 가족의 행복에 대해 지나치게 높은 기대를 품곤 한다. "그렇지만 풍요로움은 오래전에 한계를 드러냈다. 직장에서는 경쟁이 날로 심해지고, 높은 이혼율은 개인의 행복도 불안정하다는 사실을 반영한다. 높은 기대와 실제 성취 사이의 괴리를 견딜 수 없을 때 사람들은 흔히 우울증에 걸린다"(Nuber 31).

우울증에는 언제나 의미가 있다. 우리는 우울증과 대화해야 한다. 융에 따르면, 우리는 우울증을 손님으로 맞아들여 우울증이 전하는 메시지에 귀 기울여야 한다. 그러면 우울증은 우리가 '거대 자기'(Größes-Selbst)와 너무 높은 '자기 이상'(Ich-Ideal)을 형성했음을 알려 줄 것이다. 자신에게 계속해서 이상적 자기를 강요하는 사람은 우울증에 걸릴 수 있다. 그들은 이상이 너무 높아 열등감을 느끼며 스스로를 경멸한다. 자신을 혹사해서 자기 비하를 보상하려고 하지만, 그러면 탈진성 우울증에 걸릴 위험이 있다. 지나치게 높은 자기 이상은 우울증의 악순환을 낳을 수 있다.

초기 수도승들도 우울증과 우울증의 심층적 원인에 귀 기울이라고 권했다. 유명한 사막교부 폰투스의 에바그리우스는 슬픔의 근본 원인을 매우 통찰력 있게 설명했다. 에바그리우스가 말하는 슬픔은 우울증과 여러 면에서 비슷하다. "때때로 슬픔은 소망을 이루지 못해서 생긴다. 때때로 슬픔은 분노를 동반한다. 충족되지 못한 욕구나 소망으로 슬픔이 생겼을 때, 우리는 먼저 제집이나 부모나 지나온 삶을 생각한다. 이렇게 떠오른 생각에 저항하지 않고 기꺼이 응해 버리면, 또는 그저 상상일지라도 이런 위안거리에 몰두해 버리면 우리는 그 생각에 지배될 것이다. 하지만 우리를 위로하는 상상은 퇴색하기 마련이고 결국 슬픔에 빠지게 된다. 우리는 당면한 현실에 되돌아오지 못한다. 그래서 불행한 사람은 과거에 자신을 내어 주는 만큼 근심에 잠긴다"(*Praktikos* 10장).

1600년 전 에바그리우스가 한 말은 오늘날 인지행동치료와 비슷하다. 인지행동치료는 우울증이 주로 당면한

현실과 다가올 미래에 대한 부정적 해석 때문에 생긴다고
본다. 아론 벡은 우울증에 걸린 사람은 미래를 이렇게 바
라본다고 했다. "그들은 고난과 좌절과 차별이 계속되리
라고 여긴다. 그들은 머지않아 특별한 과업을 맡는다고
생각할 때 이미 실패를 예상한다"(Beck 42). 우리는 에바그
리우스의 말을 떠올리지 않을 수 없다. 에바그리우스는
'아케디아'*akedia*(무기력, 나태)가 미래에 대한 부정적인 생각
으로 드러난다고 보았다. 에바그리우스는 수도 생활을 방
해하는 생각들을 열거한 『안티르헤티콘』*Antirrhetikon*에서
"아케디아에 빠져서 수도 생활이 너무 고통스럽고 힘겹
다고 절망하는"(*Antirrhetikon* VI, 14) 영혼을 이야기했다.

　에바그리우스가 말한 우울증은 비현실적 소망과 현재
상황에 대한 그릇된 해석 때문에 생긴다. 사람들은 결국
엄마 아빠가 모든 소망을 충족시켜 주던 어린 시절을 되
돌아본다. 우울증에 걸린 사람은 자신이 처한 현실을 받
아들이지 못한다. 예전이 더 좋아 보인다. 지금만 이렇게
불행한 것 같다. 하지만 과거로 회피하면 할수록 더 불행
해질 뿐이다. 지난날을 되돌아봄으로써 처음에는 우리 마
음에 좋은 감정이 일어날 수 있다. 아름다운 날들을 떠올

리면 어린 시절 체험했던 기쁨을 다시 만날 수 있다. 그렇지만 과거에 집착한다면 좋았던 감정은 슬픔으로 돌변할 것이다. 회상은 흐려지기 마련이고, 이제는 지난 일을 그때처럼 선명하게 체험하지 못하는 탓이다. 그럴수록 현재 상황이 고통스럽게 느껴지고 슬픔에 빠진다. 현대 심리학자들은 과거의 좋았던 경험을 떠올려서 영혼의 잠재력과 접촉하라고 권하곤 한다. 하지만 이것은 현재를 직면할 때만 도움이 된다. 우리가 늘 뒤돌아보기만 하며 지난날로 되돌아가기를 바란다면, 슬픔이 우리 영혼을 사로잡을 것이다.

에바그리우스는 우울증의 원인뿐 아니라 우울증이 우리의 생각에 미치는 영향에 대해서 이야기했다. "슬픔은 이성의 판단을 무력하게 한다. 햇빛이 물속 깊이 이르지 못한다. 빛을 보아도 어두운 마음은 밝아지지 않는다. 사람들은 해가 떠오름에 기뻐하지만, 상심한 영혼은 불쾌함을 느낀다"(*PG* 79, 1157). 에바그리우스는 인간을 정확히 통찰했다. 실제로 우울증에 걸린 사람은 어떤 일에도 기쁨을 느끼지 못한다. 세상만사가 신경에 거슬린다. 어떤 좋은 말씀도, 어떤 애정 어린 관심도 그들의 어두운 마음에 닿지 못한다. 그들은 꽉 갇힌 것 같다. 뤼디 요주란은 기뻐하지 못하는 무력함을 이렇게 설명했다. "우리는 일상의 긍정적인 면을 즐기지 못한다. 할렌 스타디움에서 열린 브라이언 애덤스Bryan Adams의 콘서트에서 나는 기쁨과 환희에 휩싸여서 춤추지 않을 수 없었다. 그때 불현듯 '내일 내 삶에 무슨 일이 일어나지 않을까' 하는 생각이 떠올랐다. 이런 생각은 그 순간 기쁨을 모두 망쳐 놓았다"(Josuran/Hoehne/Hell 171).

치유의 첫 단계는 슬픔의 밑바닥에 있는 비현실적 신념과 충족되지 않은 욕구를 의식하는 것이다. 우리 안에는 만족할 줄 모르는 아이가 있다. 그 아이는 관심과 보살핌을 끝도 없이 바라고 자신이 중심에 서기를 원한다. 모두에게 사랑받고 싶다는 것을, 내게 어린아이 같은 소망이 있다는 것을 고백하기란 쉽지 않다. 그렇지만 우울증은, 우리가 바라는 것을 얻지 못하면 울며불며 보채는 아이와 다름없음을 인정할 수밖에 없게 한다. 우리는 상처받아서 도움이 필요한 아이를 단죄하기보다 성인으로서 다정히 받아들여야 한다. 내면의 아이에게 너그럽게 관심을 기울이면 큰 소리로 보채지 않을 것이다.

치유의 둘째 단계는 욕심 많은 아이의 요구와 기대에서 벗어나 내 안에 생기 넘치는 신성한 아이에게 다가가는 것이다. 신성한 아이는 우리를 진정한 나로 이끈다. 누구나 내면에는 상처 입은 아이가 있다. 그 아이를 보살필 때 우리는 신성한 아이와 만나게 된다. 신성한 아이는 "모든 인간에게 내재하는 보편적 잠재력"(Bradshaw 337)의 상징이자, 우리 내면을 새로 나게 하는 원천의 상징이며, 하느님이 만드신 우리의 유일무이한 모습의 상징이다. 내면에 있는 상처 입은 아이와 신성한 아이를 만날 때, 우리는 자신이 만들어 낸 인생에 대한 환상과 작별할 수 있다. 우리는 의식하지 못해도 자신이 누구보다 훌륭하고 위대한 인물이자, 모든 일이 술술 풀리는 행운아이고, 이 세상이 기다려 온 인재라고 생각하곤 한다. 우리 영혼에 잠재한 환상은 이루 말할 수 없이 아름답기 마련이다. 그런 환상을 놓아 버리는 데는 필시 고통이 따른다. 자신이 평범한 사람에 불과하다는 사실을 받아들이는 것은 무척 괴로운 일이다. 내 안에 있는 신성한 아이가 나를 진정한 자기로 이끈다는 사실을 믿을 때, 비로소 우리는 자신의 평범함을 받아들이게 된다. 우리의 진정한 자기는 건강하고 온전하다. 자기 비난이나 죄책감, 우울증도 침해하지 못한다.

치유의 셋째 단계는 무엇일까? 에바그리우스는 슬픔의 원인이 세속적 만족이나 소유, 명성 같은 세상사에 매달리는 데 있다고 했다. 세상에 대한 집착에서 자유로워지는 것이 그래서 중요하다. 에바그리우스의 조언은, 만족할 줄 모르는 욕망에서 벗어나라는 불교의 가르침과 아주 비슷하다. "세상의 기쁨을 멀리하는 사람은 슬픔의 악령에게 난공불락의 요새다. 슬픔은 이제껏 누렸던 기쁨이 박탈되거나 희망했던 기쁨이 결핍되어서 생기기 때문이다. 세상일에 매달리면 슬픔이란 적을 물리칠 수 없다. 슬픔은 우리가 매달리는 일에 덫을 놓는다. 슬픔은 집착에서 생긴다"(*Praktikos* 19장). 요즘 사람들에게는 너무 비현실적이고 금욕적인 말일지도 모른다. 그렇지만 에바그리우스의 말은 지금도 유효하다. 우리는 우울증과 대화를 나누면서 어디에 인생의 집을 지을지 스스로에게 물어야 한다. 다른 사람의 인정과 관심인가? 자신이 성취한 만족인가? 어린 시절 꿈꾼, 원하기만 하면 모두 얻을 수 있는 환상의 나라인가? 아니면 세속적이거나 일상적이지는 않지만 깊이 있는 토대인가? 영적 토대인가? 하느님인가? 우울증은 우리에게 참된 기쁨을 지향하게 한다. 참된 기쁨은 내면의 자유다. 자신의 욕구와 소망을 충족하는 데 급급한 사람은 원하는 것을 얻지 못하면 슬픔에 잠긴다. 하지만 내면이 자유로운 사람은 영혼의 풍요로움을 누린다. 슬픔은 고행으로만 떨칠 수 있는 것이 아니다. 지나친 고행은 오히려 우리를 더욱 슬픔에 잠기게 한다. 무엇보다 중요한 것은 참된 기쁨의 원천을 발견하는 일이다. 우리 안에 있는 그 원천은 욕구의 충족 여부에 의존하지 않는다. 그 원천은 충만한 삶이다.

16 울어라, 눈물은 죽은 영혼도 살린다

다니엘 헬은 우울증이 흔히 비애(Trauer)를 대신한다고 주장한다. 상실감이 너무 커서 비애를 직면하지 못할 때가 있다. 비애는 고통스럽다. 비애는 우리의 기반을 무너뜨린다. 우리는 깊은 비애가 우울증으로 드러난다고 말한다. 우울증과 비애는 겉으로 보면 비슷하지만, 그 속은 완전히 다르다. 비애를 표현하지 않는 사람은 냉담하고 무감각해진다. 지금은, 원하는 것을 모두 이룰 수 있다고 생각하는 시대다. 긍정적으로 생각하기만 하면 가족의 죽음도 무사히 극복할 수 있다고 여긴다. 이런 가정에는 비애를 표현할 여지가 없다. 그런데 비애를 바로 드러내지 못하면 우울증에 걸릴 수도 있다. 페어차일드는 자신의 경험을 털어놓았다. 그는 아홉 살 때 아버지가 돌아가셨다. 장남이었기에 제 일은 스스로 알아서 해야 했고 어린 동생들도 책임져야 했다. 게다가 어머니의 끝없는 비애에 두려움을 느꼈다. 페어차일드는 고통과 슬픔을 억눌러야 했다. 하지만 시간이 지나 억압은 반복된 우울과 공허와 권태로 되돌아왔다. 그는 키우던 개가 죽었을 때야 비로소 큰 소리로 울면서 억압된 비애를 표출할 수 있었고, 우울증은 점차 호전되었다(Fairchild 94 참조).

이미 초기 수도승들은 '비애'가 억압되면 '슬픔'으로 나타난다는 것을 인식했다. 그들은 '비애'(*penthos*)와 '슬픔'(*lype*)을 구분했다. 에바그리우스는, 비애는 눈물을 터뜨리는 것이지만 슬픔은 그저 울먹이는 것이라고 했다. 슬픔은 자기 연민이다. 우리는 나 자신과 채워지지 않은 소망만을 맴돌며 되뇐다. "아무도 나를 좋아하지 않아. 아무도 나를 걱정하지 않아. 나는 혼자야." 슬픔에 빠진 사람은 거기서 빠져나오지 못한다. 슬픔은 감정을 메마르게 하고 활기를 빼앗는다. 슬픔은 우리를 마비시키고 경직시킨다. 반면 비애는 우리를 열매 맺고 생기 돌게 한다. 에바그리우스는 눈물을 흘리지 않으려는 경직된 마음을 우울증의 징후라고 했다. 하지만 비애에 빠진 사람은 눈물을 쏟으며 마음을 정화한다. 초기 수도승들은 눈물을 찬미했다. 눈물은 영혼을 정화하고 성숙시킨다. 눈물은 진실한 하느님 체험을 드러낸다. 우리는 눈물로 나 자신과 내가 처한 현실을 만나기도 한다. 수도승들은 자신이 품은 이상과 하느님이 창조하신 모습에 미치지 못하는 비애를 말했다. 수도승들에게 중요했던 것은 사랑하는 사람의 상실에 따른 비애보다 자신에 대한 비애였다. 오늘날 우리는 수도승들이 언급한 우리의 죄로 인한 비애를 마주하기 힘들어한다. 그렇지만 우리는 그것을 놓쳐 버린 기회나 살지 못한 인생에 대한 비애로 이해할 수도 있고 이별이나 이혼, 전근으로 사랑하는 사람을 상실했을 때 느끼는 비애로 받아들일 수도 있다.

우리는 비애 속에서 나 자신과 거리를 두지 않고, 있는 그대로 만난다. 우리는 더 이상 나 자신과 나의 가장 내밀한 본모습 사이의 거리를 유지할 힘이 없다. 자신을 합리화하는 온갖 시도가 무너지고 온갖 가면이 깨진다. 초기의 수도승들에게 비애는 새로운 인간이, 즉 하느님의 모습에 따라 만들어진 인간이 내면에서 태어나기 위한 조건이었다. 우울증을 겪으며 죽은 영혼은 비애의 눈물을 통해 되살아난다. 프랑스 트라피스트회 수도원장 앙드레 루프André Louf는 이렇게 이야기했다. 비애에 빠진 사람은 "하느님 앞에서 허물어지는 것과 가면을 벗고 무기를 내려놓는 것을 배운다. 마침내 그들은 그분 앞에 무방비로 선다. 그분의 사랑 앞에서 스스로를 지키려고 그 어떤 것도 소유하지 않는다. 그들은 벌거벗은 몸이다. 그들의 덕과 성스러워지려는 계획은 박탈당했다. 그들은 자신의 비참을 가까스로 붙잡아 그분의 자비 앞에 내보인다. 하느님은 진정으로 그들의 하느님이 되었다"(Grün 29에서 재인용). 눈물이 터지는 비애는 수도 생활에서 나 자신과 하느님을 인식하는 중요한 길이었다. 에바그리우스는 눈물 없이는 하느님을 깨달을 수 없다고 했다. 하지만 슬픔이나 우울증은 하느님에게 나를 감추는 것이자, 자신에게 나를 감추는 것이다. 말하자면 우울증에 걸렸을 때 우리는 자신에게 한 발자국 물러서게 된다.

그러므로 슬픔을 치유하는 길은 비애에 있다. 하지만 우리가 평가를 내려서는 안 된다. 수도승들은 슬픔의 악령을 이야기했지만, 이것은 평가가 아니었다. 그들은 단지 우리 내면에 우울증 경향이 있다는 것과 우울증은 도둑처럼 불시에 우리를 찾아온다는 것을 말했을 뿐이다. 사랑하는 사람의 상실에 대한 비애가 영혼을 힘겹게 하면 영혼은 우울증으로 반응한다. 나는 울고 싶지만 울지 못하는 여성을 만난 적이 있다. 그녀는 비애를 받아들이면 걷잡을 수 없이 울게 될까 봐 두려워했다. 그녀에게 실컷 울라고 말하는 것은 큰 의미가 없었다. 그녀도 울고 싶지만 울지 못하는 것이었다. 그녀는 성체성사 때 보호받고 있다는 분위기를 느끼고는 마침내 울음을 터뜨렸다. 울음에 대한 억압을 풀어 줄 보호의 공간이 필요하다. 하지만 우리는 때가 되면 영혼이 울기 마련임을 믿어야 한다. 울음을 터뜨렸다는 것은 우울증이 사라지기 시작하는 징후다. 그러면 이제 비애가 나타나고 영혼이 치유되어 생기를 얻게 된다.

오늘날 사람들은 우울증으로 비애에 반응하곤 한다. 주위에서 비애를 거부하기 때문이다. 사람은 언제나 평안해야 한다는 세상에서 스스로를 나병 환자 정도로 느끼는 셈이다. 그들은 비애를 거부하는 세상에서 우울증으로 자신을 보호한다. 나는 앞서 말한 여성에게 억압된 비애를 표현해야 한다고 권할 수 없다. 우선 그녀가 겪는 우울증을 애정 어린 마음으로 이해해야 한다. 나는 무엇이 그렇게 힘든지 그녀에게 물을 수 있고, 그러면 그녀의 내면에 깊은 비애를 일으킨 사건들이 언어로 표현될 것이다. 아버지의 때 이른 죽음이나 어머니의 병환, 남편과의 이별 같은 아픔을 털어놓을 것이다. 자신을 평가하지 않는 누구와 자신의 아픔을 이야기할 수 있을 때, 그녀 역시 자신의 비애와 만나게 된다. 그녀에게는 자신이 느끼는 비애를 버텨 줄 사람이 필요하다. 위선적인 말로 덮어 버리는 사람이 아니라, 그녀의 깊디깊은 비애를 이해하고 계속해서 도와줄 사람이 필요한 것이다. 독일어로 '충실한'(treu)이라는 말에서 유래한 '위로'(Trost)는 본디 '내면의 안정'을 뜻한다. '위로'는 비통해하는 사람 곁에서 가만히 머물며 안정을 되찾아 주는 사람이 선사할 수 있다. 누군가 내 곁에서 내 눈물을 참고 견뎌 줄 때 우울증은 비애로 변하고 내 영혼에 깃든 잠재력, 즉 새로운 힘과 상상력을 만나게 된다.

17 들여다보라,
내면의 풍파가 잠들 때까지

내적 · 외적 불안은 우울증의 주된 증상이다. '양극성 우울증'(조울증)에 걸린 사람은 조증 시기에 견딜 수 없는 불안에 사로잡힌다. 그들은 잠을 거의 자지 않고 밤낮으로 활동하며 주위 사람을 잠시도 쉬지 못하게 한다. 조증 시기가 없는 '단극성 우울증'은 흔히 불면증으로 나타나기 시작한다. 양극성 우울증은 과잉 활동으로 은폐되곤 한다. 심리학자들은 이런 경우 우울증이 부산한 행동이나 심신증으로 나타나는 '위장된 우울증'을 언급한다. 페레나 회네는 새로운 연구를 인용해서, 치료받지 않은 우울증의 삼분의 일이 과잉 행동으로 은폐된다고 했다. 활동적이고 신체 건강하고 활기찬 사람 중에는 우울증에 걸린 이가 많다. 그들은 다양한 활동으로 우울증을 감춘다. 정신과 의사 슈테판 폴크Stephan Volk는 이런 유형의 우울증을 설명한다. "활동적인 우울증 환자의 전형적인 모습은 이렇다. 제 발로 다람쥐 쳇바퀴에 올라 자신이 처한 곤경을 이겨 내려고 엄청난 힘으로 달린다. 속도를 통제하지 못해 쳇바퀴에서 떨어질 때까지 내달린다. 발을 헛디뎌 목이 부러지지 않으려고 죽도록 달린다"(Josuran/Hoehne/Hell 55에서 재인용). 우울증에 걸린 사람의 불안은 과잉 행동만이 아니라 산만함으로도 나타난다. 흔히 그들은 한 가지 일을 계속하지 못한다. 책을 읽어도 바로 잠들거나, 금방 지루해져서 다른 책을 편다. 책 여기저기를 뒤적이기는 하지만 차분한 마음으로 끝까지 읽지는 못한다.

에바그리우스는 내면의 불안인 '아케디아'를 아주 재미있게 묘사했다. 수도승 하나가 제 방에서 성경을 읽기 시작했다. 그런데 금세 피곤해지자 성경을 베개 삼아 선잠이 들었는데, 베개가 너무 딱딱해서 다시 일어났다. 그러고는 창밖을 내다보며 찾아오는 형제가 있는지 살피면서, 코빼기도 내밀지 않는 무정한 형제들을 원망했다. 그는 점심시간이 되었는지 보려고 하늘을 올려다봤다. 이토록 느리게 해를 움직이시는 하느님이 못마땅했다. 안으로 들어와 보니 방이 눅눅해 짜증이 났다. 좀 더 편히 머물 수 있는 곳을 떠올려 보려는데 수도복 때문에 온몸이 가려웠다. 화가 나 미칠 지경이었다. 일할 마음도 기도할 마음도 없었다. 나태함은 수도승에게 고통이었다. 에바그리우스는 아케디아라는 악령을 무엇보다 위험한 것으로 보았다. 아케디아는 수도승의 영혼을 갈가리 찢어 버린다. 아케디아는 수도승의 중심을 뒤흔든다. 이런 내면의 불안에 휩싸인 사람은 온전히 자신에게 머무르지 못한다. 그들은 의지할 곳이 없다. 나는 한 강연에서 아케디아에 대한 에바그리우스의 묘사를 들려준 적이 있다. 한 부인이 자신의 남편이 바로 그렇다고 맞장구쳤다. 그녀의 남편은 부엌에서 신문을 읽으며 말도 안 되는 내용밖에 없다고 욕을 한다고 했다. 그러고는 밖으로 나가지만 날씨가 나쁘다면서 이내 들어온다. 부엌으로 들어와 냄비를 들여다보더니 왜 하필 이런 요리를 하냐고 잔소리하고는 식탁에 앉는다. 하지만 오래 앉아 있지도 못하고 그녀를 다시 못살게 군다. 그 스스로도 자신을 견디지 못하기 때문이다.

그녀의 남편은 자신에게 머물지 못한다. 끊임없이 다른 곳에 머물려고 하지만, 바라던 곳에 있어도 또다시 만족하지 못한다.

우울증에 걸린 사람은 정상적 생활 리듬을 잃는다는 사실이 의학적으로 증명되었다. 그들은 새벽같이 눈을 떠 더 이상 잠들지 못하거나, 침대에서 나오지 않고 오랫동안 그대로 누워 있다. 그렇다고 쉬는 것도 아니다. 밤을 낮처럼 사는 사람이 있는가 하면 그 반대인 사람도 있다. 그들 대부분이 신체가 경직되거나 언행이 둔해진다. 교황 그레고리오 1세는 내면의 불안인 아케디아가 절망이나 낙담, 불만, 불쾌, 무관심, 피로, 권태, 싫증, 불안정, 조급함 같은 태도로 드러난다고 했다. 이것들은 우울증의 특징이기도 하다. 에바그리우스는 아케디아를 『안티르헤티콘』에서 이렇게 설명했다. "영혼이 병들고 괴롭다. 아케디아의 쓰디쓴 고통이 넘쳐흐른다. 고통이 넘쳐흐르는 가운데 온 힘이 영혼을 빠져나간다. 영혼은 강력한 악령 앞에서 물러나기로 결정한 상태다. 영혼은 어찌할 바를 모르고 어린아이처럼 행동한다. 그 아이는 아무런 위로도 받지 못한 듯 불안하게 흐느낀다"(*Antirrhetikon* VI, 38).

에바그리우스는 아케디아에 대응하는 네 가지 방법을 제시했다. 첫째 방법은 『프락티코스』*Praktikos* 27장에 나와 있다. "아케디아가 우리를 유혹하면 눈물을 흘리며 영혼을 두 부분으로 나누는 것이 좋은데, 하나는 격려하는 부분이고 다른 하나는 격려받는 부분이다. 우리는 다윗과 함께 '내 영혼아, 어찌하여 녹아 내리며 내 안에서 신음하느냐? 하느님께 바라라. 나 그분을 다시 찬송하게 되리라, 나의 구원, 나의 하느님을'(시편 42,6)이라고 노래할 때, 우리 안에 단단한 희망의 씨를 뿌리게 된다." 에바그리우스의 조언은 흥미롭다. 우리는 영혼을 두 부분으로 나누어야 한다. 영혼의 한 부분은 낙담하고 우울하고 무력하다는 사실을 인정해야 한다. 하지만 건강한 부분도 있다. 이 부분이 병든 부분을 격려한다. 에바그리우스는 내면의 분할에 대한 시편 구절을 인용했다. 우리 안에는 상심과 근심에 찬 부분이 있다. 그 부분은 단순히 억누르거나 잘라 낼 수 없다. 그 부분은 배려를 바란다. 우리는 원망하기보다 내 영혼이 왜 그렇게 슬퍼하는지 다정히 말을 건네야 한다. 나는 나의 우울한 면을 이해하려는 동시에 우울한 면에게 하느님을 보라고 주의를 환기시킨다. 우리는 우울한 면에게 이렇게 위로한다. '하느님을 기다리자. 나는 그분께 감사할 것이다.' 그래서 에바그리우스는 우울증과 대화하기를 권한다. 이렇게 대화를 나눌 때는 우울한 부분도 제 목소리를 낸다. 하지만 내게는 용기 있는 부분도 있기에 이제 우울증이 나를 완전히 좌우하지 못한다. 건강한 부분은 지치고 낙담한 부분을 일으켜 세우고, 내 편에서 나를 강하게 하시는 하느님을 바라보게 한다.

에바그리우스는 아케디아를 치유하는 둘째 방법을 이렇게 설명했다. "유혹의 순간에 이런저런 그럴듯한 구실을 들어 당신의 방을 떠나서는 안 된다. 단호히 제자리에 머물며 인내해야 한다. 유혹을 받아들여라. 특히 아케디아의 유혹을 두 눈으로 보아라. 아케디아는 가장 나쁜 것이지만, 무엇보다 영혼을 정화한다. 이러한 갈등을 피하거나 겁내면 정신이 성숙하지 못하고 비겁하고 소심해진다"(*Praktikos* 28장). 에바그리우스는 우리 자신에게 머물라고 호소했다. 수도승들은 늘 그렇게 호소했다. 우리는 기도하지 않아도 좋다. 하지만 방에서 떠나면 안 된다. 우리는 자신에게 머물며 인내심 있게 기다려야 한다. 외적 움직임 없이 가만히 머물면 내면도 안정된다. 우울증이 우리에게 가져다주는 것을 받아들여야 한다. 말하자면 우울증을 이해하기 위해 우울증을 들여다봐야 하는 것이다. 우울증이 내게 무엇을 말하려고 하는가? 우울증이 내게 무엇을 알려 주는가? 내가 느끼는 불안의 근본적 의미는 무엇인가? 분명한 사실은 아직도 내가 제자리에 있지 않다는 것이다. 외적인 장소는 중요하지 않다. 내 중심에 있는 내면의 자리가 중요하다. 나는 아직도 나에게 온전히 머물지 못한다. 이렇게 불안은 내가 내 곁에 머물며 스스로를 견디고, 제집처럼 머물 내면의 중심을 발견하게 한다. 이것이 성공하면 외적 불안으로 내적 불안을 회피하지 않게 되고 영혼이 정화된다. 우울증은 내가 만든 스스로에 대한 환상과 판단을 흐리게 하는 환상을 모두 깨뜨린다. 우울증은 인생에서 중요한 것이 무엇인지 분명히 인식하게 한다.

셋째 방법은 이렇다. "우리의 존경하는 고행의 스승(대마카리우스, Macarius Magnus)께서 수도승은 언제나 내일 죽을 것처럼 살되, 앞으로도 살날이 많은 것처럼 제 몸을 돌보아야 한다고 말씀하셨다. 전자는 아케디아가 일으키는 모든 것을 막고 수도 생활에 더욱 매진하도록 돕고, 후자는 고행 생활에 필요한 육체적 건강을 지켜 준다"(*Praktikos* 29 장). 우리는 죽음을 생각하며 오늘을 깨어 있는 마음으로 살고 인생의 맛을 느낀다. 물론 우울증에 걸린 사람은 사는 것을 견디지 못해 스스로 목숨을 끊기도 한다. 하지만 에바그리우스가 생각했던 것은 자살의 유혹이 아니다. 하루하루 죽음을 잊지 않는 수련 생활이다. 이런 태도는 인생에 대한 두려움을 거두어 간다. 죽음에 대한 성찰은 인생이 단 한 번뿐임을 일깨운다. 우리는 세상에 살아가며 흔적을 남긴다. 우리가 남긴 흔적은 다른 사람의 내면에 삶을 일깨워야 한다. 죽음은 우리를 근본적인 소명에 응하게 하고, 이 세상에 사랑과 빛의 흔적을 남기도록 이끈다. 하지만 다른 한편으로는 우리 자신을 보살펴야 한다. 우리 육체는 제명을 다하고자 하기에 육체를 혹사하면 안된다. 우리는 육체를 적절히 보살피는 법을 배워야 한다. 육체는 너무 약해져도 안 되고, 지나친 고행으로 상해도 안 된다. 우울증에 걸린 사람은 육체를 소홀히 대하곤 한다. 에바그리우스는 육체를 잘 돌보라고 했다. 몸을 씻고 성유를 바른 다음 잘 입히라고 했다. 빙엔의 힐데가르트는 우리 육체에 영혼이 잘 살도록 돌보아야 한다고 했다.

우울증 치유를 위한 넷째 방법은 외적 질서를 따르는 것이다. 영혼이 어지러울 때는 내면의 혼란을 가라앉히기 위해 알맞은 일과가 필요하다. 수도승이 기도와 일 사이에서 적절한 긴장을 유지하고 유용한 예식을 일과에 안배할 때 아케디아의 우울증은 치유된다. "아케디아는 자기를 극복하고 모든 것을 신중하고 경건하게 행함으로써 치유된다. 모든 일에 여유를 가져라. 완결 지을 때까지 멈추지 마라. 신실히 기도하라. 아케디아의 악령이 당신에게서 떠나갈 것이다"(PG 79, 1160). 나는 우울증에 걸린 사람을 상담할 때마다 하루를 어떻게 보내는지 아주 구체적으로 물어본다. "몇 시에 일어나세요? 하루를 어떻게 시작하세요? 아침에 어떤 예식을 하세요? 어떤 식으로 일하세요? 어떻게 쉬세요? 하루를 어떻게 마감하세요? 어떤 운동을 하세요?" 이미 언급했듯이, 우울증을 치유하는 가장 중요한 길은 나 자신과 만나는 일이다. 우울증에 걸린 사람은 예식의 도움으로 일상에서 자신을 느낄 수 있고, 나 자신과 하느님에게 온전히 머물며 호흡하는 거룩한 시간을 마련할 수 있다. 우울한 사람은 대개 호흡이 깊지 않다. 우울증을 치유하는 다른 중요한 길은 움직임을 통해

나 자신을 몸으로 느끼는 것이다. 우울증에 걸린 사람은 자신을 도무지 느끼지 못할 때가 많다. 몸을 움직여 자신을 느낄 때 우울증은 점차 힘을 잃을 것이다.

한 여성이 내게 수년간 우울증 치료를 받았다고 털어놓았다. 치료가 그렇게 도움이 된 것은 아니었다. 그래도 치료사는 그녀와 일 년 동안 예식을 행했다. 그녀는 언제나 똑같은 예식으로 하루를 시작했고, 덕분에 치유되었다. 나는 그녀의 치유담에 기뻤다. 여기서 우리는, 일과를 예식으로 적절히 구성하는 것이 우울증 치유에 효과가 있음을 알 수 있다. 예식은 일과만이 아니라 우리 내면의 체험을 조직화하는 데도 도움이 된다. 또한 예식은 내 인생의 성공을 확인하는 일이기도 하다. 물론, 초를 밝히는 예식에 인생의 성공이 달려 있지는 않다. 그렇지만 우리는 초에 불을 붙이며 우울증에 시달리는 내 삶도 하느님이 축복하시는 성공한 삶임을 확인한다.

18 겸손으로 우울증과 화해하라

우울증에서 벗어나지 못한다고 끊임없이 자신을 비난하는 독실한 그리스도인을 나는 여러 번 보았다. 하느님이 우울증에서 구해 주지 않으신다고 한탄하는 그리스도인도 보았다. 그들은 열심히 기도했지만 아무것도 변하지 않았다. 그런데 그들은 정작 하느님의 뜻이 무엇인지 구하지 않았다. 우울증에서 벗어나려고만 했다. 하느님의 뜻은 우울증을 겸허히 받아들여서 우울증을 통해 하느님에게 다가가는 길을 발견하는 데 있을 것이다.

우울증에 걸렸다는 사실과 우울증과 평생 함께해야 한다는 사실을 인정하기란 쉽지 않다. 우울증은 호전될 때도 있지만 악화될 때도 있다. 우울증과 화해하는 데는 겸손이 필요하다. 예컨대, 또다시 우울증에 지배되지 않으려고 매일 약을 복용하는 것은 겸손의 표시다. 조금이라도 회복되면 약 복용을 중단하는 사람이 있다. 그들은 병세를 잡았다고 장담한다. 약을 완전히 거부하는 사람도 있다. 그들은 자신이 병들어서 약의 도움이 필요하다는 사실을 인정하지 않으려고 한다. "네, 나는 아픕니다. 우울증에 걸렸어요. 약이 필요해요. 적어도 한동안은 약을 먹어야 해요"라고 인정하기 위해서는 자신을 극복해야 한다. 우울증을 겸허히 받아들이는 태도는, 우울증을 약으로만 다스릴 수 있는 생물학적 질병으로 보는 태도와 다르다. 약물치료가 필요한 우울증은 몸과 마음의 병이자, 자신의 우울한 면과 화해하라는 자극이다. 중증 우울증에 걸린 사람은 일상생활을 제대로 하지 못한다. "브레이크가 걸렸다. 우리의 뇌에서 계획하고 결정하고 행동하는 무엇인가가, 즉 중앙회로에 있는 브레이크가 고장 났다(Josuran/Hoehne/Hell 235). 다니엘 헬은 중증 우울증을 "삶에서 배제하지 말라고, 즉 고립된 질병으로 보지 말라"고 권한다(같은 곳). 중요한 것은 중증 우울증마저도 삶에 받아들여서 삶의 일부로 보는 것이다. 우울증은 우리에게 중요한 영향을 미치고 인간적·영적으로 자극을 준다.

겸손은 체념과 다르다. 겸손은 늘 희망과 연결되어 있다. 여기서 희망은 우울증과 함께 살아갈 수 있을 정도로 치유되리라는 기대다. 우리는 우울증에 걸린 사람에게, 걸렸던 브레이크가 다시 풀리고 병세가 누그러들 때가 온다고 희망을 전할 수 있다. 치유에 내성이 생겼다면 더더욱 희망을 놓지 말아야 한다. 만성 우울증은 소홀히 다루어지는 경우가 많아서, 약물 오남용 같은 신체적 질병이나 심각한 사회문제를 일으킨다. 캐나다의 우울증 연구자들은 치료에 내성을 보이는 우울증은 없다고 확신한다. "우울증이 그토록 미흡하게 처치되는 것은 비극이다"(Hell 238에서 재인용). 간혹, 가정 상황이 여의치 않아 우울증에 별다른 차도가 없을 때가 있다. 가족들이 지나치게 화목을 강조하거나, 배우자가 우울증에 걸린 상대방을 너무 조심스레 돌보게 되면 우울증이 고착된다. 이런 경우는 가족들의 태도를 정확히 살펴보아야 한다. 우울증은 약물 치료를 받고 사회적 관계에 참여함으로써 언제든 호전될 수 있다.

우울증을 삶의 주제로 인정하는 것도 겸손이다. 겸손은 바닥까지, 즉 영혼의 가장 깊은 곳까지 내려가는 용기다. 라틴어에서 '겸손'(humilitas)은 '바닥'(humus)이라는 말에서 유래한다. 내가 생각하는 겸손은 독실한 신앙으로 우울증을 뛰어넘는 것이 아니라, 우울증을 지나 또 다른 곳에 다다르는 것이다. 하느님이 계시는 내면의 자리로 향하는 길은 우울증을 통과해 간다. 나는 우울증에 걸린 수녀를 만난 적이 있다. 그녀는 심리치료와 영적 동반, 묵상, 영적 방법으로 우울증에서 벗어나기를 희망했다. 그런데 동료 수녀가 이를 비판하자 다시 어둠의 나락으로 떨어졌다. 이루 말할 수 없이 낙담한 그녀는 모든 희망이 산산이 부서졌다고 털어놓았다. 우울증을 치유할 길이 없어 보인다고 했다. 나는 이렇게 답했다. "당신은 우울증을 피해서 하느님에게 다가갈 수 있다고 생각합니다. 하지만 하느님께 가는 길은 우울증을 통과해 갑니다. 자신이 예민하고 우울한 기분에 대해 무력하다는 사실을 인정해야 합니다. 우울증과 화해할 때 당신은 어둠으로 깊이 내려가 어둠과 무력함과 슬픔의 바닥에서 하느님을 발견합니다. 내면의 하느님은 당신의 소유욕 앞에 몸을 숨기고 계십니다. 우울증은 당신이 피상적으로 생각하는 것과는 다른 하느님상을 보여 줍니다. 당신은 하느님을 소유하려 합니다. 하느님을 이용해서 더 잘난 사람이 되려 합니다. 나는 그 마음을 충분히 이해합니다. 하지만 하느님은 이용할 수 없는 분입니다. 우울증은 당신에게, 이용할 수 없고 파악할 수 없고 인식할 수 없는 하느님에게 헌신할 마음을 불러일으킵니다. 그러면 당신은 우울증을 앓으면서도 평화를 느끼고, 하느님에 대한 모든 이기적 소망에서 자유로워질 것입니다. 이렇게 하느님은 우울증을 통해 새로운 방법으로 나타나실 수 있습니다."

우울증에 시달리는 사람은 어두운 구렁에 빠진 기분이다. 이 어두운 구렁은 경건한 생각으로 밝아지지 않는다. 그들이 바치는 기도와 하느님에 대한 신뢰, 영적 갈망은 바닥까지 이르지 않는 것 같다. 그들은 하느님이 자신을 완전히 내팽개치셨다고 느낀다. 그들은 어떻게 우울증을 영적으로 다루어야 할까? 어두운 구렁에 빠지면 기도하지 못한다. 그들에게 남은 유일한 길은, 공허만이 가득한 그곳에서도 하느님이 자신을 지탱하신다는 사실을 떠올리는 것이다. 신학자 잉그리트 베버가스트Ingrid Weber-Gast

는 우울증을 참고 견디기만 하는 한 믿음도 무용지물이라고 했다. "나의 지력과 의지는 믿음을 계속 긍정하려 했지만, 마음에 닿지는 않았다. 앞날이 깜깜했을 때 믿음은 위로도, 도움도, 절망스런 고통에 대한 답도 아니었다. 그렇다. 믿음이 나를 지탱하는 것이 아니라 내가 믿음을 지탱해야 했다"(Weber-Gast 32 이하). 이런 상황에서는 하느님이 보호하신다는 것을 느꼈던 체험도 도움이 되지 않는다. 마음에 와 닿지 않는 것이다. 언젠가는 그분의 말씀과 모습과 몸짓이 자신의 굳어 버린 내면을 풀어 주리라 희망하며, 형식적으로나마 믿음과 예식에 매달리는 것밖에는 다른 도리가 없다.

중증 우울증조차 기도와 묵상으로 치유된다고 거짓으로 약속하는 것은 도움이 되지 않는다. 중요한 것은 겸손한 마음으로 우울증과 화해하는 일이다. 내가 선택한 것도 아닌데 우울증이 나를 힘겹게 한다. 우울증을 받아들일 때 나는 성장한다. 스스로를 비난하는 일을 멈추고, 우울증을 완전히 떨쳐 내리라는 환상에서 벗어난다. 나는 우울증을 하느님이 주신 십자가로 받아들인다. 물론 다른 십자가를 지고 싶다. 하지만 그 십자가가 나를 하느님에

게 열어 보인다는 것과, 파악할 수 없는 하느님에게 이끈
다는 것을 신뢰한다. 그분은 예수의 십자가에서, 즉 실패
의 자리로 보이는 곳에서 한없는 사랑으로 나타나셨다.
우울증에 시달리는 사람은 예수의 수난을 묵상하며 도움
을 얻는다. 예컨대 요한 세바스찬 바흐Johann Sebastian Bach
의 「마태오 수난곡」이나 「요한 수난곡」을 들으면서 자신
이 살아 있음을 느낀다. 수난곡에서 예수의 끔찍한 고난
은 더 높은 차원으로 들어 올려진다. 우울증에 걸린 사람
은 수난곡을 들으며 자신이 이해받고 있음을 느끼고 가장
깊은 곳에서 무엇인가 꿈틀거리는 것을 느낀다. 그들의
우울증은 음악으로 울려 퍼지며 아름다운 소리가 되고 변
화를 일으킨다. 그들은 수난곡을 듣고 묵상하면서 우울증
이 예수의 수난으로 드러난 사랑을 더욱 깊이 이해하게
해 준다는 것을 느낀다.

우울증에 걸린 사람은 정해진 기도문을 피난처로 삼아
도움을 얻기도 하는데, 여기에는 시편이 적합하다. 시편
에는 우울증이 인상적인 모습으로 묘사되어 있다. 자신의
체험을 표현할 만한 말씀을 찾지 못한 사람은 시편에서
길을 발견한다. 하느님 앞에서 아무 말도 못하거나, 아무

것도 느끼지 못할 때 시편 말씀은 자신의 두려움과 슬픔, 절망, 낙담과 만나게 한다. 자신의 체험을 터놓고 이야기하는 사람은 자신과 만나게 되고, 자신은 물론 타인도 알아차리지 못했던 우울증을 돌파할 길을 찾는다. 물론 시편 기도를 바친다고 반드시 우울증이 낫는 것은 아니다. 때때로 우리는 아무것도 느끼지 못한 채 시편을 기도한다. 그럼에도 시편 말씀을 소리 높여 기도하는 것만이 우리에게 주어진 유일한 길이다. 우리는 그 말씀이 우리 마음과 무의식에 깊이 스며들기를 희망하며 어둠 저 깊은 곳에 불을 밝혀야 한다. 자신의 우울한 내면을 표현할 만한 말씀을 찾지 못한 사람에게는 시편 88장이 적합하다.

주님, 제 구원의 하느님, 낮 동안 당신께 부르짖고, 밤에도 당신 앞에 서 있습니다. 제 기도가 당신 앞까지 이르게 하소서. 제 울부짖음에 당신의 귀를 기울이소서. 제 영혼은 불행으로 가득 차고, 제 목숨은 저승에 다다랐습니다. 저는 구렁으로 내려가는 이들과 함께 헤아려지고, 기운이 다한 사람처럼 되었습니다. 저는 죽은 이들 사이에 버려져, 마치

무덤에 누워 있는, 살해된 자들과 같습니다. 당신
께서 더 이상 기억하지 않으시어, 당신의 손길에서
떨어져 나간 저들처럼 되었습니다. 당신께서 저를
깊은 구렁 속에, 어둡고 깊숙한 곳에 집어넣으셨습
니다. 당신의 분노로 저를 내리누르시고, 당신의
그 모든 파도로 저를 짓누르십니다(시편 88,2-8).

시편 88장의 말씀은 우울증에 걸린 사람이 느끼는 절망
적 고통을 경건한 말로 위로하지 않는다. 자신의 기분을
하느님 앞에 털어놓게 한다. 시편을 기도하는 동안 우울
증은 모습을 드러낸다. 우울증에 걸린 사람이 체험하는
내면의 혼돈이 시편 말씀을 통해 모습을 갖추는 것이다.
그들은 자신의 목숨이 저승에 이르렀고, 자신이 깊은 구
렁에 빠졌다고 하느님에게 한탄하며 다시 단단한 땅 위에
선다. 그들은 혼돈을 표현한 말씀을 통해 그 혼돈에서 빠
져나온다.

　시편 88장은 신뢰가 아니라 한탄하는 말로 끝을 맺는
다. "어려서부터 저는 가련하고 죽어 가는 몸, 당신에 대
한 무서움을 짊어진 채 어쩔 줄 몰라 합니다. 당신의 진노

가 저를 휩쓸어 지나가고, 당신에 대한 공포가 저를 부서 뜨립니다. 그들이 날마다 물처럼 저를 에워싸고 저를 빙 둘러 가두었습니다. 당신께서 벗과 이웃을 제게서 멀어지 게 하시어 어둠만이 저의 벗이 되었습니다"(시편 88,16-19). 우울증에 걸린 사람은 이 구절을 기도하며 우울증을 영적 으로 극복해야 한다는 압박에서 벗어난다. 그저 하느님 앞에서 자신을 드러낼 뿐이다. 그들은 비록 어두운 구렁 에 빠져 있지만 부르짖는다. 자신의 고통스런 처지를 들 어주시는 분에게 매달린다. 이런 매달림은 마음의 부담을 덜어 준다. 우울한 기분은 적절히 표현됨으로써 변화할 수 있다.

우리 수도자들은 성목요일에 성찬례를 드린 다음 시편 88장을 합송한다. 이날은 제대포를 벗기고 성체를 수난 감실로 옮기는데, 우리는 예수와 올리브 산에서 함께 있 는 것처럼 기도를 바치고 예수의 고독과 절망을 묵상한 다. 그런데 우리는 예수와 함께 기도를 드리면서, 다른 고 통받는 사람들이 우리와 연결되어 있음을 느낀다. 시편을 합송하며, 우리 안에서 어떤 체험이 일어나고 있음을 긍 정하는 자신을 느낀다. 우리는 누구에게도 위로받지 못한다. "어둠만이 저의 벗이 되었습니다"라고 절망적으로 말할 뿐이다. 누구도 나를 이해하지 못한다. 우리는 고독과 우울을 있는 그대로 인정하고, 시편 말씀을 기도한다. 말씀은 우울증을 밝게 드러낸다. 말씀은 본디 빛이시기 때문이다.

19 내면 깊은 곳으로 회귀하라

1928년 종교철학자며 신학자인 로마노 과르디니Romano Guardini는 『쉴트게노센』*Die Schildgenossen*이라는 잡지에 글을 기고했는데, 이 글은 1935년 『우울증의 의미』*Vom Sinn der Schwermut*라는 책으로 출간되었다. 당시 '신독일연맹'(Der Bund Neudeutschland)이라는 가톨릭 청소년 운동을 지도하고 있던 과르디니는 독일 마르크트하이덴펠트 근교에 있는 로텐펠스 성에서 모임을 개최했다. 새로운 전례를 도입한 즐거운 자리였다. 진지한 토론과 기쁨에 넘친 찬양이 계속되었다. 그렇지만 젊은이들에게 존경받는 사제 과르니디가 늘 유쾌하고 열정적인 것만은 아니었다. 그는 우울증에 시달렸다. 과르디니는 1950년대 뮌헨 대학에서 전성기를 맞았다. 대강당에서 열리는 강의는 언제나 초만 원이었다. 하지만 이따금 휴강 공고가 나곤 했다. 우울증이 그를 괴롭혀 책을 읽을 수 없었던 것이다. 과르디니는 일생을 우울증과 함께했지만, 수많은 사람의 영혼을 풍요롭게 한 강연과 집필 활동에 방해받지는 않았다.

과르디니는 심리학의 지식과 인식을 존중했다. 그렇지만 그에게 우울증은 인간 존재의 깊이와 관계된 영적 사건이었다. "우울증은 너무나 고통스럽다. 정신과 의사에게 맡기기에는 인간 존재의 뿌리에 너무 깊이 닿아 있다" (Guardini 7). 과르디니는 『우울증의 의미』 첫머리에 자신과 마찬가지로 우울증에 시달렸던 키르케고르를 인용했다. 키르케고르에게 우울증은 "존재 전체를 흔드는 내적 울림" 그 이상이었다. 그는 우울증을 "도덕적 과업과 신앙적 투쟁을 위한 출발점"(같은 곳)으로 삼았다. 과르디니는 우울증을 감정의 무거움으로 표현했다. 우울증은 "무거운 짐을 지는 것이다. 온몸을 내리누르는 짐에 곧 무너진다. 사지와 오장육부가 생기를 잃는다. 감각과 충동, 상상과 사고가 마비된다. 의지가 약해진다. 노동하고 투쟁할 마음이 사라진다"(같은 책 24). 감수성이 예민한 사람이 우울증에 잘 걸린다. "감수성은 존재의 무정無情함으로 인간을 상처받게 한다. 이러한 상처는 필연이다. 고통은 어디에나 있다. 무방비와 나약함의 고통, 말 못하는 피조물인 동물의 고통이 있다"(같은 책 25). 우울증에 걸린 사람은 내면의 공허를 느낀다. 존재 자체가 고통이다.

과르디니는 우울증의 의미를 언급하기에 앞서 우울증에 내재한 가치를 설명한다. "하지만 다른 한편으로는 이런 고난이, 암울한 비애가 더할 나위 없이 값진 열매를 맺기도 한다. 키르케고르가 말한 것처럼 억압이 풀리고, 닫혔던 내면이 열려 존재의 가벼움이 떠오른다. 인간 존재의 경쾌한 고양, 사물과 존재의 투명함, 직관의 명료함과 구성의 무류無謬함"(같은 책 41)이 솟아오르는 것이다. 우울한 영혼이 내면과 깊이를 향해 몰려든다. "이는 분열에서 벗어나 본질이 집중된 곳으로 회귀하려는 근원적 갈망이다. 이것은 외적인 존재를 단념하여 성역을 경외하고 보호하는 것이고, 껍데기에서 벗어나 근원의 신비로 향하는 것이다"(같은 책 42). 과르디니에게 우울증이란 결국 "사랑을 향한 갈망"이다(같은 책 44). 우울증은 무상함 속에서 느끼는 절대자를 향한 갈망이다. "가치와 생명의 충만을 향한 갈망, 무한한 아름다움을 향한 갈망이 저 깊은 곳에서 허무와 태만과 상실감, 그리고 잠재울 수 없는 슬픔과 비애와 불안과 결합된 것, 이것이 우울증이다"(같은 책 47).

  과르디니에게 우울증은 "절대적인 것이 존재한다"는 표지다. "우울한 마음은 우리가 유한한 존재이고 하느님과 벽을 사이에 두고 살아간다는 표현이다. 하느님은 우리에게 간절히 말씀하신다. 당신을 우리 존재에 받아들이라고 호소하신다"(같은 책 48). 과르디니는 우울증에 영적 과제가 담겨 있다고 보았다. 그에게 중요한 것은 우울증을 치유하는 것이 아니라, 우울증의 깊디깊은 의미로 파고드는 것이다. 우울증은 우리가 경계인임을 일깨운다. 우리는 인간과 하느님의 경계에 살고 있다. "우울증은 영원에 근접한 인간이 느끼는 불안이다. 지복至福인 동시에 위협이다"(같은 책 49 이하). 영적 여정의 목표는 우울증에서 벗어나는 것이 아니라, 나쁜 우울증을 좋은 우울증으로 바꾸는 것이다. 과르디니에게 나쁜 우울증이란 스스로를 포기하거나 절망에 빠지는 것이다. 우리에게는 자신이 실패했고, 완전히 끝났고, 영원히 버림받았다는 의식이 있다. 이런 나쁜 우울증은 좋은 우울증으로 변화해야 한다. 좋은 우울증이란 "영원에 가까이 다가감으로써, 자기실현을 재촉하여 생기는 내적 곤경이다"(같은 책 50). 과르디니는 참회를 통해 나쁜 우울증이 좋은 우울증으로 탈바꿈한다고 보았다. 우리는 참회 안에서 지난 모든 잘못을 내어놓으며 하느님에게 자비를 구한다.

결국 과르디니에게 우울증이란 인간의 신비, 인간과 하느님의 관계, 인간과 세상의 관계를 숙고하라는 권유다. "인간의 의미는 삶이 한계가 있다는 것과, 이 한계가 있는 삶을 받아들여서 짊어지고 가는 것이다"(같은 책 56). 인간은 하느님과 하나가 되기를 갈망하지만 그렇게 하지 못한다. 인간은 자연에도, 하느님에게도 동화하지 못한다. 인간에게는 한계가 있다. 피조물이기 때문이다. 인간은 경배와 순종으로 하느님과 일치를 이룬다. 그 안에서 인간은 '나'를 잊고 하느님에게 투신한다. 우울증은 인간에게 단순히 자연에 머무를 수는 없음을 상기시킨다. 인간은 자연 속에서 자연과 더불어 살기도 하지만, 자연을 넘어서기도 한다. 우울증은 인간의 육체를 자극하는 가시와 같아서, '나'라는 존재를 넘어 하느님을 갈망하도록 자극한다. 그분은 인간의 깊디깊은 갈망을 채워 주신다. 과르디니는, 죽음의 순간까지 고통을 짊어진 예수의 슬픔에서 우울증에 대한 답을 찾았다. "우울증이라는 고통에 대한 답은 오직 그리스도의 십자가에 있다"(같은 책 57). 우리도 예수처럼 존재의 고통을 받아들여야 한다. 고통을 짊어지고 하느님에게 나아가야 한다. 과르디니는 바오로의 편지에서 "경험한 사람만이 이해할 수 있는"(같은 곳) '우울증의 신학'을 보았다.

80년 전 과르디니가 『우울증의 의미』라는 작은 책에서 이야기한 바는 지금도 온전히 유효하다. 나는 과르디니보다 우울증의 심리학적 측면을 중요시하는 편이다. 당시는 신학자와 심리학자가 서로 대립했다. 그렇지만 과르디니는 우울증이 심리적 문제일 뿐 아니라 영적 문제이기도 하다고 주장했다. 그가 옳았다. 우울증은 영적 여정에 대한 도전이다.

우리는 자신이 우울할지 낙천적일지, 아니면 지나치게 예민할지 안정되고 둔감할지 선택할 수 없다. 좋고 나쁘고는 중요하지 않다. 누구나 자신이 타고난 심리적 기질을 영적 여정에 통합해야 한다. 자신의 심리 상태를 간과한 채 영적 여정을 걸어서는 안 된다. 자신의 감정을 겸손한 마음으로 살펴야 한다. 그러면 우울증은 하느님에게 나아가는 것을 가로막는 장애물이 아니라 온전히 하느님을 가리키는 나침반이 된다. 우리는 우울증에서 벗어나려는 수고가 헛된 노력임을 깨닫게 된다. 우울증은 하느님에게 나아가는 길에서 동반자가 되어, 나 자신에 대한 환상과 영성생활에 대한 환상을 깨뜨리고, 인간의 지력으로 파악할 수 없는 하느님에게 우리를 열어 보인다.

20 영혼의 어두운 밤, 온몸으로 맞으라

우리는 십자가의 성 요한 이후 신비주의 안에서 영혼의 '어두운 밤'을 이야기한다. 우리가 알아야 할 것은, 십자가의 성 요한이 이야기하고 수많은 그리스도인이 영적 여정에서 체험한 것처럼 어두운 밤이 우울증과 일치하거나 접점이 있는지, 아니면 완전히 서로 다른 영역에 있는지이다. 십자가의 성 요한이 어두운 밤을 체험한 사람에게 충고한 바는 우울증을 다스리는 데도 도움이 될까? 아니면 정신 질환을 회피하는 위선에 불과한 것일까?

우울증과 어두운 밤은 서로 비슷한 점이 있다. 우울증에 걸린 사람은 어두운 밤처럼 무력함, 무방비, 벌거벗음,

외로움, 버림받음, 낯섦 같은 감정을 체험한다. 자신이 무가치하고 내적으로 잘못되었으며 죄를 지었다고 느낀다. 그들은 두려움과 절망, 의미 상실에 시달린다(Ott 24-28 참조). 십자가의 성 요한은 어두운 밤을 우울함과 연결 짓곤 했고, 우울증에 걸린 사람은 어두운 밤을 체험하곤 한다. 그래서 우울증과 마찬가지로 어두운 밤을 어떻게 받아들이는지가 중요하다. 십자가의 성 요한은 우울증도, 어두운 밤도 알지 못하는 영적 지도자를 비난했다. 몇몇 영적 지도자는 욥의 친구들 같았다. 그들은 어두운 밤이 우울함이나 어두운 기분에 지나지 않고, 죄와 악덕으로 생긴다고 했다. 이러한 관점은 해악을 끼치기만 했다. 사람들을 절망과 고통에 빠뜨렸다.

어두운 밤을 체험한 사람은 두려움과 내면의 공허를 느끼는데, 이것을 우울증 증상으로 받아들이기도 한다. 하지만 어두운 밤과 우울증에는 결정적 차이점이 있다. 어두운 밤은 언제나 영적 체험을 전제로 한다. 어두운 밤은 하느님에게 다가가는 과정에서 겪는 영적 현상으로 공허와 어둠에 시달리는 고통스런 체험이다. 그렇지만 십자가의 성 요한은 슬픔이나 우울함이 어두운 밤을 규정하지는 않는다고 보았다. 겉으로 보기에 비슷한 두 체험을 구별하려면 영적 식별 능력이 필요하다. 누군가 어두운 밤을 호소할 때 내가 중요하게 여기는 것은 그 사람이 정말 영적 체험을 하는지, 현실을 직면하는지 살피는 일이다. 우울증은 일상생활을 제대로 누리지 못하게 방해한다. 어두운 밤도 그럴 때가 있지만, 어두운 밤은 영적 차원에 뿌리를 두고 있고, 대개 인간관계나 직장 생활을 방해하지 않는다.

2007년, 마더 데레사의 편지와 기록이 공개되었다. 늘 미소를 잃지 않았던 마더 데레사가 어두운 밤으로 고통받았다는 사실이 알려졌다. 그녀의 체험에는 하느님을 향한 깊은 갈망이 담겨 있었다. "괴롭도록 깊은 갈망, 계속된 고통, 그럼에도 하느님께서 나를 원하시지 않는 듯한 거부, 공허"(Mutter Teresa 199). 언론은 어두운 밤에 시달리고 하느님에게서 멀어지는 체험을 한 그녀가 겉으로 보이는 것과는 다른 삶을 살았다고 보도했다. 하지만 나는 달리 생각한다. 힘겹게 하느님을 체험한 덕분에 데레사 수녀는 자비로웠고 모든 이에게서 예수 그리스도의 모습을 발견할 수 있었다. 마더 데레사는 몸소 고통을 겪었기에 고통당하는 사람들에게 관심을 기울였고, 하느님에게서 멀어지는 체험을 했기에 그분에게 사랑받지 못한다고 느끼는 사람들에게 눈길을 돌렸다. 마더 데레사가 하느님의 사랑을 전하고자 한 까닭은, 자신이 그분의 사랑을 한결같이 느껴서가 아니었다. 그분의 사랑을 깊이 동경해서였다. 하느님의 사랑을 느끼지 못할 때조차 마더 데레사는 그분의 사랑이 자신과 함께한다는 희망을 잃지 않았다. 데레사 수녀는 고통과 나약함을 느끼면서도 하느님이 가까이 다가오심을 체험하며 위로를 얻었다. "처음으로 어둠을 사랑하게 되었습니다. 이제는, 내게 있는 어둠이 예수님이 겪으신 어둠과 고통의 극히 작은 일부라고 믿습니다" (같은 책 243).

어두운 밤의 목표는 내면의 정화다. 우리가 지닌 하느님상은 정화되어야 한다. 우리는 하느님을 독차지하려 든다. 그분을 이용해 남보다 잘난 사람이 되려고 한다. 십자가의 성 요한은 우울증도 우리를 정화한다고 보았다. "때로는 메마름도 우울함이나 다른 감정과 연결되어 적잖이 욕망을 정화한다. 메마름은 영혼의 감각적 만족을 죄다 박탈해 오직 하느님만 생각하게 한다"(Johannes vom Kreuz,

Ott 30에서 재인용). 십자가의 성 요한은 어두운 밤과 우울증이 서로 관계가 있다고 보았다. 우울증은 영적 정화를 돕는다. 반대로 십자가의 성 요한은 어두운 밤이 우울증을 치유하기도 한다는 사실을 증명했다. 어두운 밤은 영혼을 온갖 집착에서 자유롭게 한다. 사막교부들이 이해한 것처럼 우울증은 외적인 일, 즉 일신의 안녕이나 타인의 관심에 의존해서 생긴다. 어두운 밤은 이런 의존을 해체한다. 어두운 밤은 인간의 지력으로 파악할 수 없는 하느님을 바라보게 한다. 이런 내면의 자유는 침울한 생각으로 가득 찬 정신을 정화한다. 중요한 문제는 십자가의 성 요한의 통찰을 현시대에 적용해서 우울증을 다스리는 데 도움을 얻는 것이다.

먼저 우리는 어두운 밤을 순수한 심리적 현상이나 영적 현상으로 단정하는 것을 경계해야 한다. 영적 체험에는 언제나 심리적 토대가 있고, 그 반대의 경우도 있다. 우울증도 단순히 생리적 이상異常이나 심리적 이상으로 치부하면 안 된다. 우울증에도 영적 측면이 있다. 그렇지만 성급히 영적 문제로 간주하면 안 된다. 적지 않은 사람들이 나를 찾아와서 자신이 어두운 밤을 겪고 있다고 단정한다. 나는 그들이 어두운 밤의 체험담을 털어놓을 때 자신을 특별한 존재로 여긴다는 인상을 받았다. 그들은 우울증에 걸렸다고 겸허히 고백하지 못했다. 영혼의 어두운 밤을 체험한 사람에게는 늘 두 가지 특징이 있다. 하나는 심리적 감수성과 민감성이고, 다른 하나는 참된 영적 체험이다. 참된 영적 체험은 단순히 영적 노력에 대한 보상으로 하느님을 체험하는 것이 아니다. 내면에 있는 온갖 이기적인 마음이 정화되고 소멸되어 하느님에게 다가가는 것이다.

반드시 약물치료가 필요한 우울증이 있다. 약물치료를 받지 않으면 영혼이 마비되고 일상을 영위하지 못한다. 하지만 우울증은 영적 자극이기도 하다. 십자가의 성 요한은 우울함이 영혼을 온갖 집착과 욕망에서 정화한다고 했다. 이는 우울증을 아주 겸손히 받아들여야 한다는 뜻이다. 우울증에 대해 성급히 판단을 내리거나, 우울증을 자신의 탓으로 여기지 말고, 우울증이 자신을 어떤 관념과 환상에서 정화하려고 하는지 자문해야 한다. 우울증은 오만한 자기상을 되돌아보게 한다. 우리는 완벽한 사람이고자 한다. 원하는 모든 일이 이루어져야 하고 누구에게

나 사랑받아야 한다고 생각한다. 우울증은 신앙적 환상도 정화한다. 예컨대 우리는 하느님이 자신의 문제를 모두 해결해 주시고, 청하기만 하면 곧바로 우울증을 치유해 주신다는 환상을 품는다. 우울증은 무력함을 직면하게 한다. 우리는 더 잘난 사람이 되고, 내적으로 안정되고, 모든 일을 지배하는 데 더 이상 하느님을 이용하지 못한다. 무력함을 느낄 때만 하느님에게 헌신할 수 있다. 우리는 그분에게 헌신하며 온갖 명예욕·공명심·자만·탐욕에서 자유로워지고, 영적이고 성숙한 사람으로 보이고 싶은 열망과 하느님을 자신의 뜻대로 이용하려는 욕심에서 벗어난다. 이렇게 우울증은 우리의 자기상과 하느님상을 정화한다.

우울증과 어두운 밤은 여러모로 닮은 점이 많지만 차이점도 있다. 우울증과 어두운 밤을 구별하려면 예민한 직관이 필요하다. 초기 교부들은 '암흑'(skotos)과 '어둠'(gnophos)을 구별했다. 독일어에서도 두 단어는 차이가 있다. 암흑은 항상 부정적인 반면 어둠은 긍정적이다. 교부들에게 암흑은 하느님에게 등을 돌린 결과였지만, 어둠은 특별한 방법으로 그분을 체험할 수 있는 기회였다. 나는 우울증과 어두운 밤을 구별하는 기준을 내면의 자유에 둔다. 우울증에 걸린 사람은 원한 것을 얻지 못하거나 친구가 없어서, 아니면 성공하지 못하거나 무력해서 한탄한다. 어두운 밤을 체험하는 사람은 이런 소망과 욕구에 매달리지 않는다. 내면의 공허를 겪는다. 하느님을 도무지 느끼지 못한다. 하느님을 느끼지 못하는 상태는 '자신을 느끼지 못하는 상태'와 관계가 있을 수 있다. 하지만 자신과 단절되고 다른 사람들에게 친밀감을 느끼지 못하는 우울증과는 질적으로 다르다.

그렇지만 우울증과 어두운 밤에는 한 가지 공통점이 있다. 둘 다 사회적 환경이나 영적 환경에 대한 특별한 체험을 드러낸다는 것이다. 엘리자베트 오트Elisabeth Ott는 마르틴 루터Martin Luther와 라인홀트 슈나이더의 사례를 들어 우울증과 어두운 밤이 그저 개인적인 문제에 국한되는 것이 아니라, 시대상과 관계된다고 했다. 루터는 어두운 밤이 아니라 시련을 고백했다. 하지만 그의 체험은 십자가의 성 요한의 체험과 닮아 있었다. 루터는 분명 시련을 겪으며 아버지와의 힘겨운 관계를 극복했다. 엄한 아버지 탓에 하느님의 자비로우심을 믿기 힘들었던 루터는 하느님을 증오했고 그리스도를 무서운 심판관으로 보았다. 루터는 시련을 감내하며 마침내 하느님의 자비로우심을 체험하고, 예수를 세상의 죄를 없애는 구원자로 받아들였다. 루터의 체험은 우울로 점철되었지만, 그저 개인적 시련에 머물지는 않았다. 심리학자 에릭 에릭슨Erik H. Erikson이 표현한 것처럼 루터는 우울증을 겪으며 시대의 난제를 해결했다. 루터가 겪은 어두운 밤은 그의 개인적 체험이기도 했지만, "세상의, 세상에 의한, 세상을 위한 고통이기도 해서 만인에게 영향을 미쳤다"(Ott 61). 루터의 고통은 시대를 대변했다. 하느님에 대한 두려움을 엄격한 계명으로 극복하려 한 시대를 살았던 루터는 동시대인을 치유하고 구원하는 길을 묵묵히 걸었다. 그렇지만 정작 자신은 그 길에서 고통, 결핍, 공허, 절망의 시기를 견뎌야 했다.

오트는 슈나이더의 체험도 이와 비슷하게 설명한다. 슈나이더는 자신의 마지막 일기 『빈의 겨울』Winter in Wien에서 자신의 병과 우울한 성향으로 인해 겪은 개인적 체험을 털어놓았다. 그러는 동시에 슈나이더는 시대의 아픔을 감내했다. 역사를 상실한 아픔, 즉 인류가 걸어온 길에 대해 어떤 것도 느끼지 못하는 고통을 견뎌 냈다. 슈나이더는 동시대인을 대신해 창조의 잔인함, 역사의 부조리, 위선적인 신앙의 피상성에 대한 고통을 짊어졌다. 당대 신앙의 위기를 겪어 낸 것이다. 그에게는 죽음을 뚫고 나온 믿음만이 있을 수 있었다. "슈나이더의 삶은 신비스런, 죽음의 고통이었다. 그의 자리는 그리스도가 죽음의 두려움을 느끼며 기도했던 곳이었다"(Ott 93, Schneider 208). 슈나이더는 어두운 밤을 겪으며 세상의 밤, 믿음과 의미를 상실한 밤, 잔혹하고 위태로운 밤을 견뎌 냈다. 그는 시대를 위해 슬퍼하고 아파했다. 하지만 어두운 밤을 고통스레 겪으면서도 이렇게 기록했다. "한없이 자유롭다. 하지만 내가 겪는 것이 무엇인지, 내가 누구인지 알지 못한다. 행복과 절망이 공존한다. 운명과 복된 일치를 이룬다"(Schneider 209). 슈나이더는 모든 것을 빼앗긴 곳에서, 전쟁 중에도 아름다운 시로 노래할 수 있었던 믿음조차 빼앗긴 곳에서 자유를 느꼈다. 사람들에게 무엇인가를 증명해야 한다는 압박에서 벗어났다. 하지만 스스로에게 던진 질문들이 자신을 "고립시키고, 사람들을 상심하고 상처받게 만든다"는 것을 느꼈다(같은 책 222). 그래도 슈나이더는 그 길이 하느님과 사람들 앞에서 걸어야 하는 자신의 길임을 알았다. 그는 어두운 밤과 무망감과 우울증을 겪으며, 절망과 함께 자유와 행복을 느꼈다. 이것은 다른 모습의 자유와 행복이었다. 오늘날 이른바 '행복 전도사'들이 약속하는 행복과는 다른 것이었다. 슈나이더는 이런 체험을 통해 자신이 애써 얻으려 했던 것에서 온전히 자유로워졌다. 하느님에게 투신함으로써 자유를 맛보고 우울증에 시달리면서도 다른 모습의 행복을 누렸다.

마르틴 루터와 라인홀트 슈나이더의 체험을 우울증에 적용해 보면, 우울증은 한 개인이 감내하는 운명이기도 하지만 시대에 대한 특별한 직관이기도 하다. 우울증에 걸린 사람은 이러한 통찰에서 위로를 얻을 수 있다. 그들은 공동체에서 배제되었다고 느끼곤 한다. 무엇인가 잘못을 저지른 기분이다. 자신의 잘못으로 우울증에 걸린 것 같다. 그들은 우울증 때문에 사람들에게서 고립되고, 제대로 된 삶을 살지 못한다고 한탄한다. 하지만 그들이 견디고 있는 것이 바로 이 세상임을 안다면, 시대의 고통을 어렴풋이 느끼고 있지만 마음 깊이 인정하지 못하는 사람들을 자신이 대신하고 있음을 안다면 그들은 우울증의 의미와 과제를 깨달을 것이다. 그들은 다른 사람들보다 시대의 문제에 민감해서 우울증을 겪는다. 그들의 감수성은 저주가 아니라 축복이다. 그들은 세상에 축복이 될 수 있다. 우울증에 걸린 사람은 때때로 시대를 앞서 간다. 시대가 요구하는 바를 고통스레 느낀다. 지금 이 순간 우리에게 필요한 것이 무엇인지 일깨우는 것이다.

그들은 우울증을 극복하려고 노력하는 과정에서 자신의 우울증이 이 세상과 연결되었음을 깨닫는데, 그 과정에서 주위에 도움을 주기도 한다. 우울증에 걸린 사람은 자신이 세상을 위해 할 수 있는 것이 아무것도 없다고 토로하곤 한다. 그들은 자신이 이 세상에 남겨야 할 것이 무엇인지 모르는 것 같다. 그들은 자신과 잘 사귀어야 한다. 나는 그들에게 늘 이렇게 답한다. "당신이 이 세상에 기쁨을 남길 필요는 없습니다. 그렇지만 우울증과 화해한다면, 깨어 있는 마음으로 우울증을 감내한다면 당신은 세상의 희망이 됩니다. 당신은 당신이 서 있는 그 자리에서, 주위 사람의 의식을 혼란하게 만드는 생각들을 정화해서 그들도 이 세상을 희망으로 바라보게 합니다. 당신은 당신이 치유되는 과정에서, 시대의 아픔을 극복하고 희망이 없는 세상에 희망을 일으킵니다. 우울증에 걸린 당신은 이 사회에서 소외된 것이 아니라 중심에 있습니다. 당신은 다른 많은 사람이 억압하고 있는 것을 대신해서 느끼는 것입니다."

이렇게 생각한다고 우울증이 사라지는 것은 아니다. 그렇지만 희망과 믿음이 생길 수는 있다. 우울증을 앓는 삶이 무의미한 것이 아니라, 세상에 중요한 가치가 있음을 느끼는 것이다. 우울증과 화해하는 사람에게는 신비스럽고 심오한 무엇이 나온다. 그들은 보이는 것이 세상의 전부가 아니라는 것과, 삶은 헤아릴 수 없을 정도로 신비스럽다는 것을 주위 사람에게 전한다.

심리학적으로 말하면, 우울증에 걸린 사람은 시대상과 관련된 문제로 힘들어한다고 할 수 있다. 다니엘 헬은 우울증을 '한곳에 뿌리내리지 못하는 영혼의 절규'라고 했다. 우울증이 갈수록 증가하는 상황에서 우리는 이 사회를 되돌아봐야 한다. 이 사회의 구조는 어떠한가? 구조적 문제로 사람들이 병드는 것은 아닌가? 사회는 사람들이 자신의 본모습대로 살아갈 수 있게 돕고 있는가? 우울증은 '불가능은 없다'는 태도에 대한 저항이기도 하다. 미국에는 이런 긍정적 사고방식이 널리 퍼져 있다. 물론 이런 태도에도 장점은 있다. 그렇지만 해결되지 않는 문제는 없다고, 오로지 긍정적으로 생각하라고 알게 모르게 강요한다면 긍정적 사고방식이 통하지 않는 사람들은 점점 우울증에 빠질 뿐이다. 우리는 그들이 외치는 저항의 목소리에 귀 기울여야 한다. 현대 사회는 복지에 집착한다. 개인의 건강과 안녕은 일종의 종교가 되었다. 그럼에도 우울증은 증가하고 있는데, 이것은 몸과 마음의 건강에만 매달리는 세태에 대한 저항으로 볼 수 있다. 우울증은 성공과 성취만을 좇는 사회에 대한 건강한 거부반응이다. 우울증은 우리에게 현대 사회의 병적인 태도에서 벗어나라고 요구한다. 우울증은 이 사회가 사람들에게 요구하는 기준을 숙고하게 하고, 그 기준이 사람들을 병들게 하지는 않는지 되묻게 한다.

우울증은 우리에게 심리학과 정신의학의 도움을 받게 하지만, 그것을 넘어 영적 방법을 바라보게 한다. 그것이 어두운 밤이든 일시적 우울증이든 중증 우울증이든, 우울증은 결국 우리를 삶의 근본 문제로 이끈다. 나는 무엇으로 살고자 하는가? 내 인생의 척도는 무엇인가? 나는 인생을 어떻게 바라보는가? 내 인생의 목표는 무엇인가? 우울증은 우리에게 인간 존재에 대해 일깨우는 세 가지 질문을 던진다. 우리는 누구인가? 우리는 어디에서 왔는가? 우리는 어디로 가는가?

우울증은 우리에게 자신의 본성에서 어긋나는 기준을 버리고, 과장된 자기상을 만드는 환상에서 벗어나라고 요구한다. 또한 지나친 자책과 부정적 사고에서 자유로워지라고 자극한다. 우리는 자신의 본모습, 즉 하느님이 만드신 유일무이한 모습에 다가가야 한다.

맺으며

우리는 성경과 영적 전통에서 우울증의 본질과 대처 방안에 대해 중요한 통찰을 얻을 수 있다. 의학과 심리학의 도움을 진지하게 받아들이되, 우울증을 영적으로 다스려야 한다는 것이다. 영적 방법은 심리학적 차원을 간과하지 않는다. 오히려 그것을 넘어선다. 모든 질병에는 영적 측면이 있다. 우울증은 신앙과 영성에 대한 커다란 도전이다. 우울증은 우리를 영적 여정에 대한 환상에서 벗어나게 하고 자기상과 하느님상을 성숙시킨다.

사막교부들의 영적 전통은 우리를 눈뜨게 한다. 단순히 기도로 우울증을 물리칠 수 있으리라는 환상에서 깨어나게 한다. 영적 여정을 우울증에 맞서는 수단으로 사용하면 우울증은 깊어질 것이다. 하지만 영적 여정에 우울증을 받아들이면 우울증은 변화하여 치유될 수 있을 것이다. 사막교부들은 우울증의 심리학적 · 의학적 측면을 간과하는 것을 경계했다. 나는 사막교부를 접하며 영성과 심리학을 통섭하는 데 큰 도움을 얻었다. 사막교부들은 자신의 본모습을 직면했고 영적 여정에서 당대 심리학과 의학을 성찰했다. 나는 그들에게 자극을 받아 정신적 · 신체적 질병을 대할 때면 여러 차원을 고려한다.

오로지 영성으로 우울증을 치유하려는 사람이 많다. 치료받는 것과 자신의 본모습을 알게 되는 것을 두려워하는 탓이다. 예수는 진리만이 우리를 진정 자유롭게 하리라고 말했다(요한 8,32 참조). 우울증의 밑바닥으로 깊이 내려가는 겸손, 우울증을 직면하는 겸손, 의학과 심리학의 도움을 받아들이는 겸손이 필요하다. 하지만 심리학적 차원을 진지하게 수용할 때는 영적 차원도 항상 고려해야 한다. 영적 방법과 약물치료와 심리치료 가운데 무엇이 더 좋은 치유법인가는 중요하지 않다. 세 치유법은 상호보완하여 우울증을 치유한다.

사막교부와 초기 교부의 영적 전통과 성경 말씀은 우리에게 우울증을 다스리는 법을 보여 준다. 무엇보다 중요한 사실은 우울증을 '피해서' 하느님에게 나아가는 것이 아니라, 우울증을 '통해서' 나아가는 것이다. 항상 우리는, 하느님이 우리를 우울증에서 자유롭게 하시리라고 희망을 품을 수 있다. 그렇지만 여기서 자유로워진다는 것이 우울증이 완전히 사라져 버리는 것을 의미하지는 않는다. 병자를 치유할 때 예수는 질병을 마법처럼 사라지게 하지 않았다. 병자가 자신의 병마와 삶의 태도를 직면하게 했다. 예수는 우리에게 우울증을 들여다보고, 우울증을 통해 드러난 자신의 삶을 지각해서, 자신의 본모습을 당신에게 내보이라고 강권한다. 예수는 그렇게 해서 내면의 상처를 당신의 사랑으로 어루만진다. 우울증으로 병든 자리에 예수의 손길이 닿을 때 우울증은 변화한다. 우울증의 본질은, 우리가 그것을 자신과 다른 사람과 하느님에게 숨기려고 하는 태도에 있다. 숨기면 숨길수록 우울증은 우리를 짓누른다. 밖으로 드러내지 않으면 치유되지 않는다. 예수의 손길을 만날 때, 용기 있게 나 자신과 우울증을 만날 때 우울증은 치유된다.

나는 이 책을 통해 독자들에게 용기를 주고 싶다. 슬픔과 절망과 우울을 직면하고 들여다보는 용기, 우울증과 화해하는 용기, 우울증의 의미를 구하는 용기를 전하고 싶다. 하느님의 사랑이 단단히 굳어 버린 마음을 녹이고 하느님의 빛이 칠흑같이 깜깜한 내면을 밝히리라고 희망하면서 우울증에 걸린 자신을 하느님의 사랑에 용감히 내맡겼으면 좋겠다. 우울증이 다시 찾아온다 하더라도 자신을 실패자로 여기지 않고 우울증과 화해해야 한다. 이는 세상이 조금 더 인간적이고 자비로워지는 길이기도 하다.

David ALTHAUS/Ulrich HEGERL/Holger REINERS, *Depressiv? Zwei Fachleute und ein Betroffener beantworten die 111 wichtigsten Fragen,* München 2006.

Aaron T. BECK, *Kognitive Therapie der Depression,* hrsg. v. Martin Hautzinger, München-Weinheim 1986.

John BRADSHAW, *Das Kind in uns. Wie finde ich zu mir selbst,* München 1992.

Rudolf BULTMANN, lype, in: *Theologisches Wörterbuch zum Neuen Testament (ThWNT)* Bd. 4, Stuttgart 1942, 314-324.

Ida CERMAK, *Ich klage nicht. Begegnungen mit der Krankheit in Selbstzeugnissen schöpferischer Menschen,* Wien 1972.

Michael DIETERICH, *Depressionen. Hilfen aus biblischer und psychotherapeutischer Sicht,* Gießen 1986.

EVAGRIUS PONTICUS, *Antirrheticus magnus. Die große Widerrede,* übers. u. eingel. v. Leo Trunk, Münsterschwarzach 1992 (*Antirrhetikon*).

—, *Praktikos. Über das Gebet,* Münsterschwarzach 1987.

Roy W. FAIRCHILD, *Seelsorge mit depressiven Menschen,* Mainz 1991.

Anselm GRÜN, *Gebet und Selbsterkenntnis,* Münsterschwarzach 2007.

Daniel HELL, *Welchen Sinn macht Depression? Ein integrativer Ansatz,* Reinbek 2006 (zitiert nach der Ausgabe von 1992).

Andrea M. HESSE, *Depressionen – Was Sie wissen sollten. Antworten auf die häufigsten Fragen*, Freiburg 2006.

Romano GUARDINI, *Vom Sinn der Schwermut*, Mainz 1983.

Ruedi JOSURAN/Verena HOEHNE/Daniel HELL, *Mittendrin und nicht dabei. Mit Depressionen leben lernen*, München 2001.

Jacques Paul MIGNE, Patrologia cursus completus ··· omnium SS. patrum, doctorum scriptorumque ecclesiasticorum sive Latinorum, sive Graecorum, Nachdruck im Brepols-Verlag, Belgien o. J., (im Text abgekürzt '*PG*', *Patrologia Graeca*).

Peter MODLER, *Das Phänomen des 'Ekels vor dem Leben' bei Pierre Teilhard de Chardin*, Frankfurt 1990.

MUTTER TERESA, *Komm, sei mein Licht*, hrsg, u. kommentiert v. Brian Kolodiejchuk MC, München 2007.

Ursula NUBER, *Depression. Die verkannte Krankheit*, München 2006.

Elisabeth OTT, *Die dunkle Nacht der Seele. Depression? Untersuchungen zur geistlichen Dimension der Schwermut*, Elztal 1981.

Bruno Stephan SCHERER, Reinhold Schneider, in: *Praktisches Lexikon der Spiritualität*, hrsg. v. Christian SCHÜTZ, Freiburg - Basel - Wien 1988, 1101-1103.

Reinhold SCHNEIDER, *Winter in Wien*, Freiburg 2005 (zitiert nach der Ausgabe von 1958).

Rolf STEINHILPER, *Depression. Herausforderung an die Seelsorge*, Stuttgart 1990.

Ingrid WEBER-GAST, *Weil du nicht geflohen bist vor meiner Angst*, Mainz 1979.

Friedrich WEINREB, *Selbstvertrauen und Depression*, Weiler 1980.

—, *Schöpfung im Wort. Die Struktur der Bibel in jüdischer Überlieferung*, Weiler 1994.